島根の民謡・労作歌

はじめに

私が口承文芸を集め始めたのは、一九六〇年（昭和三五年）一月からなので、半世紀あまりになる。労作歌の多くは産業構造の変化でうたう機会を失ってしまった。これらは形は見えないが、日本人の祖先からの思想、心情、習俗が凝縮されている無形民俗文化財であるので、なんとか後世に伝えたいと考え、出雲かんべの里ホームページに登載した、全部で九〇曲（出雲地方、石見地方、隠岐地方各三〇曲）である。それを書籍化したのが本書である。QRコードをスマホなどで開けば、収録当時の伝承者の声が、そのまま聴ける仕組みになっている趣向である。

イラストについては、かつての教え子・福本隆男氏（埼玉県三郷市在住）に担当してもらった。これまで著者と組んで二人三脚で執筆してもらっているが、出来映えに定評があり、本書でも読者の喝采を得ることは間違いないと信じている。改めて福本氏に心から感謝するものである。

二〇二三年（令和五年）十一月一日

著者記す

目次

石見地区

隠岐地区

表紙・イラスト　福本隆男

1 わたしゃ行きます

（馬子歌・松江市美保関町万原）

出雲地区

ハー　わたしゃナー　行きますヨー
ハー　みなさんさらば　長の　ナーアー
お世話に　ヨー　ハー　なりました　ナーヨー

伝承者　梅木一郎さん・1933年（昭和8年）生
収録・1970年（昭和45年）7月25日

これは結婚式に向かう嫁入り道中の歌である。昔はこのような歌を歌い手の上手な人をお願いして、嫁入りを行ったと聞いている。今回の歌い手の梅木さんは、録音のときが三十二歳であったからか、実に声量豊かで見事なものだった。

ここに掲げた詞章以外に伺ったものを「遊び言葉」を略して紹介しておく。このほかに、

もはや行きます　親さんさらば
今度来るとき　客で来る

さあさみなさん　見物なされ
花のつぼみが　今開く

届け届けは末まで届け
末は鶴亀　五葉の松

鶴が舞います　この家（や）の空で

この家繁盛と　舞い遊ぶ
どこかどこかと　尋ねて来たら
向こう白壁　殿の宅

新造作りて　八帆（やほ）までかけて
思う湊に　とろとろと

門松ばかりが　松ではないが
嫁御待つのも　門に待つ

今日は日も良し　天気もよいし
結び合わせて　縁となる

箪笥長持ち　葛籠（つづら）の荷物
今宵貴方に差し上げる
（別に「背戸の蔵へと納めます」とも）

蝶よ花よと　育てた娘
今宵こうして　もらったからにゃ
これがこの家の新柱

蝶よ花よと　育てた娘
今宵貴方に差し上げる
（別に「酒や肴でもらいます」とも）

せっかくの機会なので、うかがったものを、一通りあげておいた。

2　石臼挽け挽け
（石臼挽き歌・仁多郡奥出雲町大呂）

出雲地区

石臼（いしし）挽（ふ）け挽（ふ）け　団子して食（か）せる
芋に蕪菜を　切り混ぜて
石臼挽かねば　また粥だ

伝承者　安部イトさん・１８９４年（明治27年）生
収録・１９７２年（昭和47年）５月３日

取り敢えず音節数をみておこう。「挽く」を訛って「ふく」と発音されているので、そのまま記しておく。

いししふけふけ……7
だんごしてかせる…7
いもにかぶなを……7
きりまぜて………5
いししふかねば……7
またかいじゃ……5

このように基本的には、江戸時代に流行し始めたとされる、近世民謡調の七七七五の字余りとなっているのである。

この歌は明治から大正にかけての農村の食生活をしのばせる内容を持った、石臼挽きの作業歌である。なかなか米のご飯にありつけなかった当時としては、芋に蕪菜を混ぜたものをよく食べていた。そのことを歌の詞章に入れてうたっていたのであろう。

ところで、安部さんの歌を側で聞いていた、安部さんと親しくて、近所にお住まいだった、安来市広瀬町西比田出身の永井トヨノさん（明治30年生）は、同じときに、自分は少し違っているとうたってくださったのが次の歌であった。

石臼挽け挽け　団子して食せる
石臼挽かねば　またお粥

このとき永井さんは「臼挽き歌」として、次の歌も披露してくださった。実際は臼挽き歌も石臼挽き歌も同じものを別な表現で言っているのだろうと、筆者は考えている。ただ、石見地方では臼挽き歌は聞くが、石臼挽き歌という種類の歌は、筆者はなぜか聞いたことはない。

臼にさばらば　ナー　ヨイナー
ヤレナーヨイナー　歌出せ女（おなご）
歌は仕事の　ヨイナー
ヤレナーヨイナー　ヤレ　華だもの

遊び言葉をはずして音節数を調べておこう。

うすにさばらば……7
うただせおなご……7
うたはしごとの……7
はなだもの……5

まさに近世民謡調そのものなのである。

3　寺の御門に蜂が巣をかけて
（地搗き歌・松江市八束町波入）

出雲地区

寺の御門に　蜂が巣をかけて
和尚が出りゃ刺す
ア入りゃ刺す　オモシロヤ

鶴が舞いますョ　この家のそらで
この家繁盛とナ　舞い降りる　オモシロヤ
アーヨイショ　ヨイショ　ヨイショ　ヨイショ

伝承者　渡部清市さん・1893年（明治26年）生
収録・1969年（昭和44年）7月24日

地搗きとは、地面を搗いて固める作業をいう。この作業の際に、作業能率を高めるためにうたわれる歌を地搗き歌と呼んでいる。

『郷土民謡舞踊辞典』（冨山房発行）には、「じつきうた（地突歌）」として二二七ページに次のように出ていたので抄出して紹介しておく。

地搗歌とも書く。詳しくは地つきの木やり歌。建築の始めに地面をならす場合の歌。この労働を地つき、地形（ぢぎやう）、土突（どづき）と云ふ。土突（どづき）はどーつぎの意味でもある。櫓を作りドーヅチといふ筒形の丸太を振り、綱を引いて地を突いてならす。歌ふものは木遣だが、地つき特有の歌も多い。（以下省略する）

この地搗きは、単純な作業であり、退屈をしないようにおもしろおかしい詞章を含んだものが多い。

この歌では、お寺の門に蜂が巣をかけているので、坊主頭の和尚さんがその門の下を通ると、巣を守るために、蜂が和尚さんに襲いかかり、和尚さんの頭を刺すというのである。

いかにもユーモアあふれる内容ではなかろうか。

筆者が三十四歳のとき、八束町の口承文芸を収録するため、まだ陸続きになっていなかった当時の大根島（当時は八束郡八束村といった）で、島根県教育委員会が民俗総合調査を行ったさい、筆者もこのおり調査員に任命されて、その一員として島内を巡って、古老や児童からいろいろ収録したものだが、そのうちの一つがこの歌であった。

今でこそ、この大根島は陸続きとなり、松江市八束町となっているが、当時は中海に浮かぶ島だったので、現地に入るためには定期船で行くより他に方法がなかった。

ところで、島の人々は親切で、弁当を使おうとすると、わざわざ筆者のために、味噌汁を作って出してくださったり、店から食事を取り寄せてくださったところもあり、別な家では昼食を出してくださったりしたものであった。

このように思いもかけず、歓待していただいた思い出は、半世紀以上も経過した今でも、懐かしい記憶となって筆者の頭の中には残っているのである。

4 紅葉山の子ワラビ

（苗取り歌・仁多郡奥出雲町大市）

出雲地区

ヤレー　紅葉山の子ワラビ　ヤレー　摘めど籠に
ヨイヨイ　溜まらぬ

高い山のツヅラを　引き下げてござれツヅラを

伝承者　安部善一さん・1901年（明治34年）生
収録・1969年（昭和44年）7月10日

苗取り歌として出雲地方でうたわれている、哀愁を帯びた歌である。遊び言葉を除いて音節を見ると、次のようである。

もみじやまの……6
こわらび………4
つめどかごに……6
たまらぬ………4

次の歌も見ておこう。

たかいやまの………6
つづらを…………4

ひきあげてござれ…9
つづらを…………4

これまで馴染み深い、7775の近世民謡調とはうって変わり、最初の歌は6464調であり、次の歌は6494と最初のと比べると、字余りになっている。仲間である安来市広瀬町布部で聞いた、次の苗取りの歌を見る。

縄手走る小女房　長い髪をさばえて

伝承者　小藤宇一さん・1896年（明治29年）生

これの音節数は、

なわてはしる……6
こにょんぼ………4
ながいかみを……6
さばいて…………4

このようになるから、あくまでも6464調が基本であると言えよう。であるから「高い山のツヅラを」の方は、字余りとしてさしつかえない。

それはともかく、この歌の情景は、なんとロマンチックなことだろうか。

「紅葉山」の語句からは、紅葉したモミジに覆われた山に、子ワラビが生えており、懸命に摘んでも摘んでもなかなか籠にたまらない、というのであるから、そこに言い知れぬわびしさを覚え、それがまた例えようもないロマンチシズムを感じるのは、筆者だけであろうか。

それに関連があるのかどうなのか、次の「高い山のツヅラを。引き上げてござれツヅラを」は、案外、摘んだ子ワラビを入れる葛籠のことを指しているのかもしれないと、つい勘ぐりたくなってしまうが、これにしても、何ともいえぬ哀愁を感じるし、「縄手走る小女房」の歌にしても、やはり似たような感傷を覚えてしまうようである。64調の歌は、何ともいえぬ、不思議さを感じるようである。

5 味噌を搗くならどんどと搗きゃれ

（味噌搗き歌・仁多郡奥出雲町上阿井）

出雲地区

味噌を搗くなら　どんどと搗きゃれ
アラ　下に卵が　ありゃしまい

うちのお家は　前から繁盛
アラ　今は若代で　なお繁盛
うちのお背戸の　三つ又榎
アラ　榎の実ゃならいで　金がなる
アラ　中見て底搗け

伝承者　山田福一さん・1964年（昭和39年）当時53歳・他
収録日・1964年（昭和39年）8月11日

伝承者の方々から「味噌は大きなヒシャクで、力を出してたたくように入れるものである」とか、また、「味噌を搗くときにはうたわないと腐る」と言われていたと教えられた。したがって、味噌搗き歌はその労作歌として、以前は盛んにうたわれていたようである。しかし、昭和60年に島根県教育委員会から出された民謡緊急調査報告書である『島根県の民謡』には、残念ながら味噌搗き歌は掲載されていない。1969年（昭和44年）に日本放送協会から刊行された『日本民謡大観』中国編では、亀嵩村（現在の奥出雲町亀嵩）の「味噌搗唄」として、次の二曲が紹介されていた。

味噌を搗きゃらば　どんどと搗きゃれ　ヨイヨイ
瀬谷玉子は家では　置かぬ　ホイ
瀬谷玉子は家では　置かぬ

高い山から　谷底見ればナ　アヨイヨイ
瓜や茄子の　花盛りナ　ハリワナヨイヨイ
コレワナドンドンドン

初めの歌の後半の「瀬谷玉子は…」であるが、これは「下に玉子は…」とうたった出雲方言の訛りを、翻字するさい聞き間違え固有名詞のように「下に」を「瀬谷」と解釈したものと思われる。

それはそれとして、わたしの収録した山田さんの歌や『日本民謡大観』にしても、最初の「味噌を搗きゃらば…」の詞章の歌は、まさに味噌搗き歌そのものであるが、それ以外の詞章は、いつどこでうたってもよく、他の労作歌でもうたわれる一般的な7775の近世民謡調の詞章である。したがって、各地の他の種類の労作歌とか安来節などの座敷歌でも広く用いられている。

なお、「高い山から谷底見れば…」の歌は、江戸時代の宝暦年間（1751〜1763）ごろに流行したもので、長野県の南信地方では盆踊り歌に使い、岡山市や下関市付近では餅つき歌としていたという（藤田徳太郎著『日本民謡論』1940年・萬里閣）。

まさに自在に使われる民謡の姿を見るのである。

6　ここの館の床前見れば
（馬子歌・松江市島根町多古）

出雲地区

アーアここのナーア　館の床前見れば
鶴ナーア亀とが　舞を舞うナーエー
蝶よナー花よと　育てた娘
今はナーそなたにハー　差し上げるナーエー

伝承者　小川　要さん・1923年（大正12年）生
収録日・1983年（昭和58年）8月12日

前に紹介した婚礼の嫁入り行列が、婚家に到着したさい、その家を誉める歌である。

以前は上手に歌える人を雇って朗々と歌い上げながら嫁入り行列を作り、嫁の荷物も車に積みながら、このような歌はうたわれていたのであった。

はじめの歌の音節を「遊び言葉」を省いて眺めて見よう。

ここのやかたの……7
とこまえみれば……7
つるとかめとが……7
まいをまう…………5

次の家を誉める歌では、

ちょうよはなよと…7
そだてたむすめ……7
いまはそなたに……7
さしあげる…………5

文字数で見ると「ちょう」は3文字で「ちょ」は拗音なので1音節と数えるので「蝶よ花よと」で7音節になり、7775の近世民謡調となるのである。

そして馬子歌には、まだまだいろいろなものがあるので、少し紹介しておく。いずれも今回うたってくださった小川要氏からうかがったものである。「遊び言葉」を省いて記しておく。

家を出るとき

さらば行きます　どなたもさらば
長のお世話に　なりました

婚家に嫁が到着し、冒頭の歌の後に出すのは、

わしがこの手で　受け取りからにゃ
奥の一間へ　収めます

ここの息子は　大黒柱
ござる嫁御は　福の神

これらの他によく知られているものとして、

届け届けは　末まで届け
末は鶴亀　五葉の松

おまや百まで　わしゃ九十九まで
共に白髪の　生えるまで

などがあったのである。

7　五葉めでたよ

（馬子歌・松江市島根町多古）

出雲地区

五葉のナーア　めでたよナーア
若松様は　枝もナーア
栄えてヨー　葉も茂るナーエー

枝も栄えて　葉も茂るなら
命長かれ　末繁盛

伝承者　小川　要さん・1923年（大正12年）生
収録日・1983年（昭和58年）8月12日

婚礼行列のさい、かつてうたわれていた馬子唄としてうたっていただいた。

ここ島根町多古地区は、漁村として知られたところである。

夏のさなかの夕方、たまたまマイカーで田舎道を走っていると、大漁を祝ってだろうか、にぎやかな宴席の声が聞こえてきたので、ちょうど民話やわらべ歌など、口承文芸を訪ねてあちこち回っていた筆者だったので、これ幸いと車を止め、録音機を持って、宴席の方へ進んで行くと、何人もの男性の方々が、開けっぱなしになった縁側に面した座敷で、酒盛りをしている様子であった。

筆者はまだその頃は四十八歳であり、遠慮もなく顔を出して大漁歌などを所望したところ、みなさんから歓迎され、いろいろな民謡をうたっていただいたのであった。

座敷歌である「若松・六曲」「地搗き歌・六曲」そして「馬子歌・十四曲」、それにご当地名物の「安来節・四曲」、それに「大漁歌・六曲」「子守唄・二曲」など数えてみれば三十八曲もうたっていただいていた。みなさんは小川さんの歌に音頭を取り、なかなか見事なハーモニーを響かせてくださっていた。録音を聞いていただければ、そのことは簡単に理解いただけるであろう。

なお、詞章であるが、もちろん7775調であり、江戸時代に盛んに歌われていたスタイルである。合いの手である「ナーア」とか「ナーエー」を省いて音節数を数えれば、このことは一目瞭然である。次に音節を記しておく。

ごよのめでたよ……7
わかまつさまは……7
えだもさかえて……7
はもしげる…………5
えだもさかえて……7

はもしげるなら……7
いのちながかれ……7
すえはんじょ……5

この「繁盛」であるが、うたわれる場合は「はんじょ」であり、「じょう」の部分の「う」は省略されて発音されない。また「じょ」は拗音なので、音節では一つと数えるから、全体で五音節になるわけである。

8 うれしめでたが三つ四つ五つ

（餅つき歌・仁多郡奥出雲町上阿井）

出雲地区

うれしナーアー　めでたがヨー
三つ　四つ　五つ
五つ重なりゃサノーエー　五葉の松
ヨイショ　ヨイショ　ヨイショ　ヨイショ
うれしナーア　めでたのヨー

若松さまが　枝も栄えてサノーエー　葉も茂る
ヨイショ　ヨイショ　ヨイショ　ヨイショ
枝もナーア栄えてヨー　葉も茂たがヨー
命（いのち）や長かれサノーエー　姫小松
ヨイショ　ヨイショ　ヨイショ　ヨイショ

伝承者　山田福一さん・1961年（昭和36年）当時53歳ほか
収録日・1961年（昭和36年）8月11日

いずれも縁起のよい内容をそなえた詞章である。これは祝いの餅を搗くときにうたわれる歌だから、詞章もそれにふさわしいものが準備されているというわけであろう。そしていずれも7775調、つまり、近世民謡調である。

何かの祝い事があって、大勢が寄り、景気よく餅を搗いている様子が、目に浮かんでくるようである。さて、この詞章も江戸時代には各地でうたわれていたようで、1771年（明和8年）の序がある『山家鳥虫歌』の中には、よく似た次の歌が紹介されている。

めでためでたの　若松さまよ、
枝も榮える　葉もしげる

奥出雲町の二つめの歌の詞章も囃し詞を省いてみれば、

うれしめでたの　若松さまが
枝も栄えて　葉も茂る

このようになり、ほとんど同じである。『山家鳥虫歌』で「めでためでたの」が奥出雲町では「うれしめでたの」と、最初の「めでた」が「うれし」と変わり、同様に「若松さまよ」が、たった1音「若松さまが」と「よ」を「が」にした形でうたわれているだけである。

このことは自然な伝承を続けてきたことを考えれば、特に問題はなく同じ歌が、こうして伝えられてきていると言ってよい。また、奥出雲町の他の歌、

うれしめでたが　三つ　四つ　五つ
五つ重なりゃ　五葉の松

枝も栄えて　葉も茂たが
命(いのち)や長かれ　姫小松

この二つは、『山家鳥虫歌』には出ていないが、当然、同じように江戸時代から歌い継がれてきていると推察されるのである。

9 腰の痛さよこの田の長さ

（田植え歌・仁多郡奥出雲町前布施）

出雲地区

腰の痛さよ　この田の長さ
四月五月の日の長さ

伝承者　植田アサノさん・1910年（明治43年）生
収録日・1994年（平成6年）8月1日

1994年（平成6年）8月、尾原ダム建設のおりの民俗調査でうかがったものである。前布施は旧・仁多町に属している。またこれは「かつま」と称するいつうたってもよい種類の田植え歌であった。まず音節数を見ておこう。

腰の痛さよ……………7
この田の長さ…………7
四月五月の……………7
日の長さ………………5

つまり、この歌は77775の近世民謡調であり、内容は言わずと知れた田植えの辛さをうたったものである。今とは違って、人海戦術でしか田を植えることが出来なかった昔は、早乙女たちが腰をかがめながら、苗を一本一本田の中へ植えなければならなかった。広い田んぼでの作業は、本当に辛く苦しいものだったのである。したがって、早く終わって楽になりたいと思うのが人情ではあるが、結い仲間とか集団で植える場合は、自分勝手は許されないので、よけい辛く厳しいものだったのである。「腰の痛さよ、この田の長さ」と田の大きさを嘆き、また「四月五月の日の長さ」と、一日の長いことを恨むような詞章が続いているが、早乙女たちの気持ちが見事に凝縮しているのである。

　しかし、そうは言っても、田植え歌はもちろん辛い詞章ばかりとは限られていない。愉快な内容の歌もたくさんあり、そのような歌をうたいながら、楽しんで作業していたことも事実である。旧・仁多町で聞いたそのような詞章を少し挙げておこう。いずれも林原地区の田中マサノさん・1912年（明治45年生）から聞かせていただいた「かつま歌」である。

恵比寿大黒　棚から落ちて
痛さこらえて　笑い顔

鳥も通わぬ　玄海灘を
戦すりゃこそ　二度三度

咲いた桜に　なぜ駒つなぐ
駒がいさめば　花が散る

姑嫁ふりゃ　嫁おなごふる
おなご釣瓶の　縄をふる

最初の歌は「恵比寿大黒、出雲の国の、西と東の、守り神」のパロデイであり、二番目、三番目は、いたってまじめであるが、最後の歌は、次々と弱い立場の者に当たり、おなご（今風に言えばお手伝いさん）は、釣瓶の縄に当たったというのである。

10　思て七年通たが五年
（田植え歌・安来市広瀬町布部）

出雲地区

思て七年　通たが五年
肌に添うたが　ただ一度

伝承者　小藤宇一さん・1964年（昭和39年）当時79歳
　　　　山脇末子さん・45歳
収録日・1964年（昭和39年）年8月13日

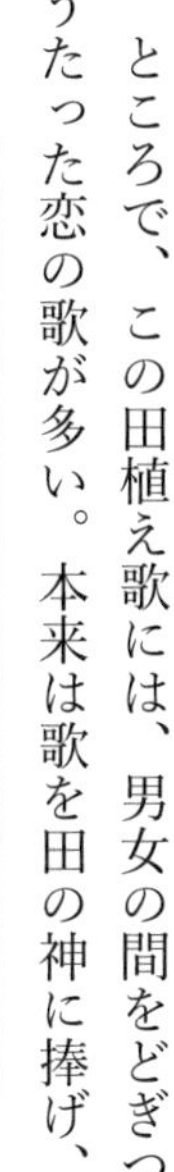

田植え歌の中でもいつうたってもよい歌を、出雲地方あたりではカツマと言っている。これはそのカツマの一つである。

ところで、この田植え歌には、男女の間をどぎつくうたった恋の歌が多い。本来は歌を田の神に捧げ、豊作を願うところに田植え歌のねらいはあったはずであるが、やがて田植え作業の辛さを少しでも解消するために、いろいろと人々の思いを託した詞章が考え出されたのであろう。

ここに挙げた歌も、そのような素朴な人々の思いがそのまま詞章となっている。類歌は各地に見られるが、次の歌は飯石郡飯南町角井で聞いたカツマである。

思うたが七年　通うたが五年
肌に添うたが　ただ一夜

伝承者　後長スエノさん・1909年（明治42年）生

このような詞章は、ごろごろ転がっている。せっかくの機会なので、後長さんからうかがったそのような歌を紹介しておく。

咲けと言われりゃ　咲かねばならぬ
咲けば実がなる　恥ずかしや
来いと言われりゃ　川でも渡る

川が深けりゃ舟でくる

一夜ならねば　半夜さなりと
枕並べて寝てみたい

長い刀で　ちょん切られとも
好いた間男やめられぬ

なんぼ夏でも　背戸風ゃ寒い
袷(あわせ)　着て来い忍び夫(づま)

雪駄ちゃらちゃら　門まで来たが
思案するやら音がせぬ

虎は千里の薮さえ越すに
障子一重がままならぬ

好いたお方と　朝日の出ばな
顔が真向きに拝まれぬ

あなたみたよな　牡丹の花が
咲いております来る道に

あなた思えば三度の食も
喉につまりて湯で流す

わたしゃあなたに　ほの字とれの字
後のたのじが恐ろしい

なんと親さん　死んだと思うて
思うお方に添わせなれ

通(かよ)や名が立つ　通わにゃ切れる
通いはずせば人の花

思うて通えば　千里も一里
会わず帰ればまた千里

11　うれしめでたの若松様は

（歳徳神歌・松江市島根町瀬崎）

出雲地区

ア　うれしめでたのナー
アラ　ヨーホイ　ヨーイ　若松様は
ヤートコシェー　ヤートコシェ
ヤー　ハレワイシェー　コレワイシェー
ナー　ナンデモーシェー　枝が栄えてナー　アラ
ヨーホイー　ヨーイ　ヨーイヤー　葉も茂る
ヤートコシェー　ヤートコシェー
ヤー　ハレワイシェー　コレワイシェー
ナー　ナンデモーシェー

伝承者　木村源之助さん・１９６３年（昭和38年）当時68歳
収録日・１９６３年（昭和38年）８月13日

正月に歳徳神の納まった御輿を担いで回る、いわゆる宮ねりのおり、この歌はうたわれる。出雲地方の神社の境内には、このような正月の神である歳徳神を宮倉に納めてあるところが多い。

ここ島根半島に属する地方では、とりわけ年初の行事が多い。詳しいことは聞き漏らしたが、若者たちが集まって歳徳神を担いで集落を回り、人々はそのご利益に与ろうとするのであろう。

囃し詞を除いて基本形を示せば次のように、おなじみの近世民謡調であることが分かる。

うれしめでたの………7
若松様は…………7
枝が栄えて…………7
葉も茂る…………5

歌の詞章については、もちろんこれ以外にもいろいろと縁起の良いものが用意されている。木村さんはこのとき以下の歌もうたってくださっている。囃し詞を除いて基本形を挙げておこう。

瀬崎よいとこ　朝日を受けて
お山嵐が　そよそよと

こちの親方　元から良いが
今は若世で　なお良かれ

また、当地で歳徳神歌といわれているものの中でも、小正月のトンドのとき、一軒一軒家を回るおりにうたわれる歌もあった。同じ日に田中ステさん（81歳）が次のようにうたってくださった。

新竹寒竹　かやの竹
竹を三本筒抜いて　竹のおらぼに絵馬をつけ
絵馬のおらぼへ　さりをつけ
はりのおらぼに　エドかけて
吹き戸なんかい　はせ出いて
大黒三郎が共乗りで　恵比寿なんどが中乗りで
雄鯛雌鯛（おんだいめんだい）つくづくと　挙げて見たれば
ふみこ鯛　これほどめでたい　ことはない
あなたのお蔵に　納めましょ

既に意味が不明になった部分もあるが、ともかく見事なものであった。

12 踊り見に来て踊らぬやつは

（盆踊り甚句・松江市本庄町）

出雲地区

踊りナーアー　見に来て　踊らぬ人は
いんで　ナーアー

みなされ　ホンニ　明日のため

伝承者　安達敬蔵さん・1961年（昭和36年）当時74歳
収録日・1961年（昭和36年）10月17日

今から60年以上も前に聞かせていただいた歌である。普通は盆踊り歌といわれているが、うたってくださった安達さんは、明瞭に「盆踊り甚句」と表現されていた。

この甚句について『大辞泉』（小学館）を引いてみると次のように記されている。「民謡の一。多く七・七・七・五の四句形式で、節は地方によって異なる。江戸末期から流行。越後甚句・米山（よねやま）甚句・名古屋甚句・博多甚句・相撲甚句など。「地（じ）の句」「神供（じんく）」の意からとも、また、越後国の甚九という人名からともいうが未詳。」とある。あまり固く考えずに述べるならば、盆踊り歌の一種くらいにしておけばよいのではなかろうか。

それはそれとして、この詞章の意味を見ておこう。これは盆踊りを見に来ておりながら、見るだけでまったく踊ろうとしない輩（やから）は、明日の仕事の障害になるだけだから、早く帰って静養した方が身のためですよ、と言っているのである。そして実際は、そのような人を人生の快楽を解しない朴念仁だと、裏面から冷やかしているのである。

同じ気持ちをうたった詞章は各地の歌にも見られるが、その例を飯石郡飯南町で見てみよう。1989年（平成元年）7月、志津見下公民館で盆踊り実行委員会が行われたおり、関係者が盆踊りの詞章を思い出し書いたものから引用しておく。

踊り見に来て　踊らぬ者は
山のカクイゴ（枯木の根っこのこと）か　泥でこか

「泥でこ」というのは、泥でこしらえた人形のことをいっている。昔は泥天神雛といって泥で焼いて作られた人形があり、出雲地方などでは、男の子の誕生などで贈られたりしていた。しかし、人形であるから動いたりはしないので、そこを捉えてからかっているのである。また次のような詞章もある。

踊る阿呆に
見ている阿呆　同じ阿呆なら踊らしゃんせ

こうして眺めて来ると、徳島県の有名な盆踊りである「阿波踊り」の次の詞章がどうしても思い浮かんでくる。

踊る阿呆に　見る阿呆　同じ阿呆なら
踊らにゃ損じゃ　（「踊らにゃ損々」とも）

地方は違っても人々の感情は変わらないのである。

13 横田では　船通お山の
（田植え歌・仁多郡奥出雲町佐白）

出雲地区

横田ではヤーア　船通お山の栂の木は
ヤーンハーレー　栂の木は
ヤーンハレー　栂の木は
ヤーンハレー　栂の木は
ヤーンハレー　三がの国に蔭をなす

伝承者　宇田川光好さん・1946年（昭和21年）生
宇田川一子さん・1917年（大正6年）生
収録日・1994年（平成6年）8月2日

田植え歌は出雲地方や石見地方の東中部あたりでは、うたわれる順番が決められている「さげ歌」も多いが、歌によってはいつうたってもよい「かつま」と称する歌もある。ここに挙げた「横田では」の歌は、後者であり、当地では広く親しまれていた。

　もっとも現在では田植え歌などをうたいながら田植えをする風習も、儀式的に行ったり、古式を踏まえて昔の田植え風俗を再現するような、特殊な場合を除いて消えてしまっている。機械を使って行う田植えには、このような田植え歌などはなじまないからである。

　ところで、この歌に出ている船通山について述べておく。仁多郡奥出雲町の横田地区に属し、標高一一四二・五メートル。斐伊川の源となっている。昔は古事記神話「八岐大蛇（やまたのおろち）」で知られた舞台になったところである。そのため、神話で八岐大蛇の尾から出現したとされる天叢雲剣（あめのむらくものつるぎ）出剣の地という記念碑も存在している。

　この山は明治以前の行政区画で、出雲国（島根県）、伯耆国（鳥取県）、備後国（広島県）と三か国に接していたため「三がの国に蔭をなす」とうたわれているのである。

　また「蔭をなす」のは「栂の木」となっているが、この木は「ツガ」とも呼ばれている。『大辞林』（三省堂）で見てみると以下のように出ている。すなわち、
　マツ科の常緑高木。山地に自生。幹は直立し、三〇メートルに達する。葉は線形で枝に二列に密生する。雌雄同株。雌花・雄花とも枝端に単生。球果は小さい長卵形。材は建材・器具材・パルプに、樹皮からはタンニンをとる。近縁種にコメツガ・カナダツガなど。トガ。栂の木。

　つまり、この栂の木は船通山にたくさん自生しているので、なじみの植物というわけである。

　そしてこの田植え歌は、ここ船通山にある栂の木はとても見事なもので、旧三か国にわたって蔭をさしかけているというすばらしさを、誇らかにうたいあげて

いるのである。伝承歌であるだけに、それを誇る人々の素朴な気持ちが快く響く。
　筆者は１９６７年（昭和42年）から六年間、当時の横田町立鳥上中学校に勤めていたので、ここでも多くの古老からこの田植え歌は、よく聞かされていたので、懐かしい歌の一つなのである。

14　去年盆まで
（盆踊り歌・松江市美保関町万原）

出雲地区

去年盆までアー　踊らとしたに
今年ゃラン灯に　アラ　灯をともす

盆がナーアー来たらこそ
ハー　踊らと跳にょと
浅黄ナーアー帷子アラ　はげるまで
踊りナーアー　踊らさい　アラ今宵が限り
明日のナーアー　晩からアラ踊られぬ

伝承者　梅木一郎さん・１９３３年（昭和８年）生
収録日・１９７０年（昭和45年）７月23日

　この盆踊り歌をうかがったのは、半世紀あまり昔、１９７０年（昭和45年）７月23日のことだった。「アー」とか「アラ」などの囃し詞を省いて音節数を見れば、

去年盆まで…………7
踊らとしたに………7
今年ゃラン灯に……7
灯をともす…………5

このように基本形を7775とする近世民謡調となる。

歌の内容は、それぞれに盆踊りにまつわる哀感がこめられている。

初めのは、昨年は一緒に楽しく盆踊りに興じていた親しい人だったが、人生は無常であり、今年はその人は鬼籍に入ってしまっていると嘆いているのである。それで思い出すのが、1960年（昭和35年）7月16日の夜、浜田市三隅町東大谷でうかがった次の歌であった。

ハアー　盆はナアー　ヨイサ
盆はうれしや　別れた人も
アラセー　ヨホホイー
晴れてこの世へ　逢いに来る

（串崎法市さん・当時50歳代後半）

盆はうれしや………7
別れた人も…………7
晴れてこの世へ……7
逢いに来る…………5

初めの歌とまるで呼応しているような詞章であり、繰り返しの「盆は」の部分と囃し詞を除けば、やはり7775調である。

松江市美保関町の歌であるが、これは生きている者たちが、懸命に盆踊りを楽しむことによって、先祖の御霊を満足させ、同時に自分たちも楽しもうとする姿をうたっているのであろう。

そして最後の歌であるが、これもまた同様に踊ることが出来るのも、盆の終わりに当たる今宵限りだから、精一杯踊ることを楽しもうとしているのである。

このようにご先祖の来臨を歓迎する盆踊り歌ではあるけれど、その実、踊りの輪に入り、踊り手の一人になっている自分自身もまた、その踊りを心から楽しんでおり、盆のひとときを懸命に満喫していることを、これらの盆踊り歌はそれとなく証明しているのである。

15　鶴が舞いますこの家の空で（地搗き歌・松江市八束町波入）

出雲地区

鶴が舞いますヨ　この家の空で
この家繁盛とナ　舞い降りる
オモシロヤ　アー　ヨイショ
ヨイショ　ヨイショ　ヨイショ

寺の御門にナ　蜂が巣をかけて　ア
和尚が出ら刺すヨ　もどら刺す
オモシロヤ　アー　ヨイショ　ヨイショ
ヨイショ　ヨイショ

伝承者　渡部清市さん・1887年（明治20年）生
収録日・1969年（昭和44年）7月24日

家を建てる際、地面を搗き固めるが、その作業のおりにうたっていた歌を地搗き歌と呼んでいた。

ここで見られる詞章は特別なものではなく、一般的に知られている7775調、つまり近世民謡調である。そしてその後に囃し詞がついている。直後に出ている「オモシロヤ」だけ見れば、島根半島の漁村部で大漁のときにうたわれている大漁歌の後に、これと同じ「オモシロヤ」は用いられているから、この歌との交流関係が感じられる。前に紹介している島根町の歌がそれ

であるが、念のために再掲してみよう。

鴨が来た来た　三津島の灘へ
鴨がイワシを　連れてきた　オモシロヤ

ところで、この地搗き歌では、その後に大漁歌には存在していない別な囃し詞がついている。すなわち「アー　ヨイショ　ヨイショ　ヨイショ　ヨイショ」の部分である。これは確かに地面を搗き固めるのにふさわしい詞章であろう。具体的に作業の状況を示すと以下のようになる。

高さ三メートルのやぐらが組まれ、作業姿の人々約三〇名くらいが、これらの地搗き歌に合わせて威勢よく縄を引くと、松の木で作った長さ四メートルの胴つき棒が上下に動きながら地響きを立て、土台となる石の下に小石を打ち込み地搗きが行われる。しかし、現代ではもうそのような姿は、見ることが出来なくなってしまった。

ところで、地搗き歌の詞章であるが、なにしろこの後、何十年もにわたって住むかも知れない家を新築するための地搗きであるから、縁起の良い内容であった。島根町の詞章で紹介しておこう。

うれしめでたの　若松様は
枝も栄えて　葉も茂る
うちの親方　元から良いが
今は若世でなおよかれ
うちのお背戸に　茗荷と蕗と
茗荷めでたや　蕗繁盛

伝承者　小川　要さん・1963年（昭和38年）当時43歳

16　こだいじ

（盆踊り歌・雲南市大東町東本町）

出雲地区

コラナー　ヨーイサー　こだいじが腰に籠提げて
コーラーサーイー　人も参らず供よぉず

コラナーエーヨーイ

伝承者　狩野応一さん・１９６８年（昭和43年）当時65歳
収録日・１９６８年（昭和43年）５月25日

盆踊り歌としてうかがった。この歌は「古代寺」とか「広大寺」などと当て字で呼ばれ、広くうたわれている。島根県下では雲南市大東町の他に近くの加茂町や松江市東出雲町などでも知られている。

それでは本家はどこかといえば、新潟県中魚沼郡十日町市下条（げじょう）村字新保にある新保広大寺に由来する新保広大寺節なる民謡にあるらしい。ところで歌の方では広大寺という寺を示す名称が、人の名前になっている。

この歌については近藤武氏の『「隠岐の民謡」―その起源を訪ねて』―１９８４年（昭和59年）隠岐民謡協会に詳しい。

さて、狩野応一さんからうかがった歌について囃し言葉を除いてみると次のようになる。

こだいじが…………５
腰に籠提げて………８
人も参らず…………７
供よぉず……………５

これは江戸時代中期以降に盛んになった７７７５の近世民謡調に似ている。また、筆者も以前、あちこちで類歌を聞いているが、「こだいじ」の前に「しんぽ」の語のつく場合が多い。それで見れば八音節となり、いよいよ近世民謡調の字余りということになる。近藤

氏の同書から孫引きを許していただくなら、雲南市加茂町の盆歌として、

しんぼこだいじが　腰に籠さげて
前の小川に　泥鰌とりに
（囃し言葉は省略した）

こうあるが、「新保」は半濁音「ぽ」が濁音化しており、またルビはないが泥鰌はうたいやすいように「どじょ」と発音されていると思われる。

狩野さんの歌も、本来はここから来ているものと考えられる。すると、後半部分の、「人も参らず供よぉず」はどうなのかといえば、これはまた別な次の詞章の歌が本来であろうと思われる。同書の奥出雲町の盆歌である。

いとしこだいじが　山に寺建てて
人も参らぬ　戸も立たぬ
（囃し言葉は省略した）

狩野さんからうかがった歌はこうして眺めると、二つの歌の前半部分と後半部分が融合してできあがっていることが分かる。

全国的には、新保広大寺は、江戸時代に一世を風靡していたようで、隠岐では「どっさり節」としてうたわれ、雲南市大東町などでは盆踊りとして親しまれているのである。

出雲地区

17　恵比寿大黒
（かつま歌・仁多郡奥出雲町上阿井）

恵比寿大黒　出雲の国の　西と東の守り神
アー　ヤレ　守り神　西と東の守り神

伝承者　山田福一さん・1964年（昭和39年）当時53歳
収録日・1964年（昭和39年）8月11日

田植え歌は、出雲地方や鳥取県西部、それに広島県の備後あたりになると、朝からうたわれる順序が決

まっているものと、適宜、自由にうたわれるものとの二種類があるが、仁多郡あたりでは、順序が決まっているのを「さげ歌」と言い、自由なものを「かつま」と称している。ここにあげたのは、後者に属している。

「さげ」というのは、男性で田植え歌をリードする役割を持っており、この歌では、初めの「恵比寿大黒、出雲の国の、西と東の守り神」までの音節で示せば、7775となる部分をうたう。そして、それに続けて、今度は早乙女たちが「アー、ヤレ、守り神、西と東の守り神」とうたう。この部分は「返し」と言われている。

詞章はさすがに出雲地方らしい内容で、恵比寿神は松江市美保関町にある美保神社の祭神、言代主命のことであり、大黒神は言うまでもなく出雲大社の祭神、大国主命を指している。いかにもどっしりとした雰囲気を感じさせる詞章ではなかろうか。これは安来節でもよく聞かれる詞章である。

ところで、一般民衆はなかなかたくましい精神を持っている。真面目極まりないこの詞章のパロディーとして、次のような傑作がある。同じ伝承者からうかがった。

恵比寿大黒棚から落ちて　痛さこらえて笑い顔
アー　ヤレ　笑い顔　痛さこらえて笑い顔

こうなれば神様もわたしたち人間と異なるところがない。にこやかに笑みをたてておられる恵比寿、大黒の神様も、何かのはずみで棚から落ち、それでも笑みを絶やさない点を、みごとに茶化しているのである。「アー、ヤレ…」以下が返しであることは、いうまでもない。主な詞章が７７７５の音節であるところから、これらの歌は江戸時代中期以降に流行った近世民謡調であることが分かる。

同じ伝承者からは、次の「かつま」もうたっていただいている。返しの部分を省略して紹介しておこう。

松江大橋流りょが　焼きょが
和多見通いは　船でする

安来節でよく聞かれる詞章であろう。

迷(まよ)て通うちゃ　だらずか阿呆(あほ)か
他に甲斐性(かいしょ)のない奴か

これまた痛切に人々の心を読んでいる。

18 酒屋男は大名の暮らし

（もとすり歌・平田市野里町）

出雲地区

酒屋男は大名の暮らし
五尺六尺ヨー立て並べ
宵にゃもとする　夜中の甑(こしき)

朝の洗い場がヨー　辛ござる
今朝の寒さに　洗い場はどなた
かわい殿御でヨー　なけらよい
かわい殿御の洗い場の朝は
水は湯となれヨー　風吹くな

伝承者　奥村信孝さん・1964年（昭和39年）年齢不詳
収録日・1964年（昭和39年）8月14日

最近の酒造りは機械化されており、作業にも歌をうたうことは見られなくなった。しかし、1955年（昭和30年）代ごろまでは、昔ながらの人の力による作業で、その作業工程に応じて歌がうたわれていた。酒を造る専門家を杜氏とか、蔵人と呼んでいるが、その杜氏仲間で言われていた「歌半給金」という言葉の示すように、作業には、このように歌がつきものだった。

ここにあげたものは、1964年（昭和39年）の夏に聞かせていただいた杜氏歌の一つである。出雲市平田町でうかがっているので、いわゆる出雲杜氏の歌である。

さて、酒を造るための仕込み作業は、厳寒の二月ごろに行われている。そのおり作業に合わせてうたわれていた作業歌が杜氏歌といわれるものである。そしてその歌にも作業に応じて、少し違ったメロディーとなっている。ここにあげたのは「もとすり歌」であるが、ほかに「うたいもの」と称する歌とか、「洗い場の歌」「桶洗い歌」「仕込み歌」などがあるのである。

さて、詞章について眺めておく。

まず「酒屋男は大名の暮らし、五尺六尺立て並べ」であるが、杜氏の誇りをうたっており、「五尺六尺」というのは、酒を仕込んだ樽のこと。続く「宵にゃもとする…」以下の詞章は、宵から早朝など、多くの人々のゆっくりしている時間帯でも、酒造りのためには、懸命に働かなければならず、そのような辛さをうたっている。そして寒い朝の洗い場の作業が特に辛いものであることを、女性の目を借りてうたっているのである。

これらの歌の詞章は、全国的にも共通しているものも多い。京都の丹波杜氏の歌の中にも同様の次の歌が知られている。

今日の寒さに　洗い番はどなた
可愛いや殿サの声がする
可愛いや殿サの　洗い番のときは
水も湯となれ　風吹くな

杜氏たちは、年によっては乞われてあちこち離れた地方へも出かけたようで、そのようなところから、自然、歌の詞章の交流もなされたものと思われる。

19　三が三なら

（大黒歌・松江市島根町瀬崎）

出雲地区

ハーイヤー　それではノー
タエナー　三がナー　三なら
三三のナー　九つ　算盤ナーエーでの　めぁしナー
ごさんにょうだ　まだアエナサー
エートナー　ソラェヤー

アーエヤー　それではノータエナー
こちのナお家の　床前を眺むれば
白いナー　鼠が　小判をナー　くわえて
あちらへもナー　ちょろちょろと
こちらへもナー　ちょろちょろとナー
真ん中どころで落といたら
この家はナー　ご繁昌だい
まだあえらしいぉとえー
トナー　アイアヤー

伝承者　伊達チカさん・１９６３年（昭和38年）当時83歳
収録日・１９６３年（昭和38年）８月13日

録音では詞章が聞き取れないところが多いが、この大黒歌は今日では聞けなくなった貴重なものである。元来、この歌は、新年になるとどこともなく現れて各家々を回り、めでたい詞章の歌をうたって去って行った遊芸人の歌なのである。

島根県教育委員会が１９８６年（昭和61年）に出した『島根の民謡』の勝部正郊氏の文章を参考に抜き書きしておこう。

…上から下まで黒一式、頭は黒の御高祖頭巾、黒のコートに下は長着と紺の脚絆、白足袋に爪ご草履、手甲をつけた女性で、これが大正末年から昭和初年のころの大黒人であった。後にはコートがマントに変わってきたが、更に大正のころまでは蓑笠に頭巾の覆面であった。目だけを出して顔は覆い隠す。この頭巾をウエミンの頭巾といった。いかなる大家の門を潜っても、頭巾はもちろん蓑笠は着けたままの天下御免の服装であった。もとは女性が扮した大黒であったらしく、いわば神人であったようである。

大黒人は決して出自を語らず、歌以外には口をきかなかった。迎える家でも強いて尋ねることもせず、寒さに堪えて正座を続け丁重に儀礼を尽くした。福神に対する儀礼であった。

採り物は長さ十二～三センチ、幅約二～三センチほどの真竹で作った拍子木、これで拍子を採りながら二人一組で掛け合いに歌を歌う。門に立って雪を払い土間に入るやいなや歌い始める。御免をこう言葉もない。家内では襖障子を奥まで開け、家族は上り端の間に正座して祝福を受けるのが習わしであった。

また、歌は序の段、本歌の段、納めの段の三つの部分からなり、鳥取県西部を回る伯耆系、出雲地方を回る出雲系、石見地方を回る備後系などがあった。紹介したのは序の段に属しているようである。

20 あの子よい子だ

（かつま・飯石郡飯南町志津見）

出雲地区

あの子よい子だ　ぼた餅顔で
黄粉(きなこ)つけたらなおよかろ
ハー　ヤレ　なおよかろ
黄粉つけたらなおよかろ

姉は十九で妹が二十歳(はたち)
どこで算用(さんにょ)が違うたやら
ハー　ヤレ　違うたやら
どこで算用が違うたやら

一人娘が姉妹(おとどい)連れで
川へ流れて焼け死んだ
ハー　ヤレ　焼け死んだ　川へ流れて焼け死んだ

伝承者　橋本ヨリ子さん・1925年（大正14年）生
収録日・1988年（昭和63年）8月3日

この歌は「かつま」と称する田植え歌の一種である。本格的な田植え歌は最初、決められた歌を順を追ってうたうが、時間が経過すると、決めたものではなく、いつうたってもよい自由な歌も挿入されることになる。そのような種類の歌を出雲地方では「かつま」と呼ぶ。石見地方ではこれに相当するのを「小唄」と称することが多い。この「かつま」歌の詞章の基本文節数は、7775となっており、このスタイルを一般的には近世民謡調といっている。「安来節」とか「関の五本松」などの有名な民謡の多くが、この形を取っている。

さて、ここに紹介した歌は、実に楽しい内容になっている。

初めの「あの子よい子だ…」は、ぼたもち顔でよいとするのであるから、顔の形が丸いのをかわいいとするように一見とれるが、実際はからかっているわけで、それは後半の「黄粉つけたらなおよかろ」と呼応させたところで分かる。

田植えは何人かが寄って、集団で行うことが多いが、単調な作業を長時間続けるのは、やはり辛いものである。そのようなおりにスムーズに作業の能率を捗らせるため、田植え歌はうたわれる。そしてその内容はさまざまなのである。男女間の機微をうたった歌も多いが、それとは違ってユーモアに富んだこのような詞章も存在している。

次の歌「姉は十九で妹が二十歳…」もなかなか面白い。姉妹の年齢が逆転していることになっているが、現実にはそのようなことがあろうはずがない。また最後に挙げた「一人娘が姉妹を連れて…」も矛盾している。「川に流れて焼け死んだ」もないものである。川に流されれば溺れ死ぬはずであるが、その逆をうたっており、そのナンセンスを楽しむのである。

そのようにあるはずのないことを、いかにもありそうにうたっているところに、庶民のたくましく健全なユーモアを愛する精神が垣間見られる。

なお、7775の後に、「ハー、ヤレ」以下、一部変形したくり返しが見られるが、これはうたってもうたわなくてもよく、この部分は「返し」と呼び、田植え歌に限らず、臼挽き歌などでも認められるものである。

21 夕べ夢見た

（影人形節・松江市島根町野波）

出雲地区

夕べ(ゆん)夢見た　めでたい夢を
舟が三バイ来たと見た
先舟なんぞを眺むれば　米なら千俵も二千俵も
俵叺(かます)を積んでいる　また来る舟をば眺むれば

大判小判がなり下がる　後なる舟をば眺むれば
七福神が乗り合わせ　中には弁天さんが酌をする
なおなおこの家は　千年万年繁盛する
夕べ夢見た大きな夢を　富士の山をば背なに負て
奈良の大仏さんは腰にはせ
千石船をば下駄に履く　そのまた帆柱杖につく
海の水を二口三口半に
飲み干いて　えはんえへんと咳払い

瀬田の唐橋が　飛んで出た

伝承者　余村トヨさん・1961年（昭和36年）当時76歳
収録日・1961年（昭和36年）10月3日

影人形節を二つあげておいた。まず、影人形節についで説明するが、実はこれは筆者自身まだ見たことはない。辞典を借りると「影絵ノウチデモ、特ニ浄瑠璃ニ合セテ劇的動作ヲ見セルモノヲイフ。別名〝影芝居〟〈春の夜や影人形の初芝居（洛陽集）〉（『国民百科大辞典』昭和9年・冨山房）」とある。

そうして見るとここでは江戸時代に祭りのおりなど、臨時に作られた小屋でこれは行われており、今日の影絵に似ていて、動作が動く点に特徴がある芸能であったと思われる。そして少し大きい神社の夏祭りとか秋祭りのおりには、この舞台が臨時に作られ、どこからか興行師がやってきて、派手な呼び込みとともに小屋の中で演じられる。そしてそれを見ることは庶民のささやかな楽しみだったに違いない。

そのおりうたった歌を影人形節と呼んでいる。例えばここに紹介したようなものである。共通して言えることは、スケールの大きい、そして縁起の良い内容である。

まず、最初の歌であるが、米をたくさん積んだり、お金を積んだ船、あるいは縁起の良い七福神が乗った船など三艘もわが家に到着したというのである。そして終わりにその家を言祝い（ことほ）でくれているのである。

また、次の歌であるが、富士山を背に負い、千石船を下駄に履き、その帆柱を杖にしているという出で立ちの人物が登場している。その人物は更にあの大きくて有名な奈良の大仏を腰に挟んでいるというのである。そしてオチは、咳払いをしたら瀬田の唐橋が飛んで出ているというのであるからすごい。

この方は、昔話でいうテンポ物語同様、典型的なホラ話である。そのスケールの大きさゆえ、人々の健全な笑いを誘い、好まれたものであろう。

22 わたしゃ貴方に

（石臼挽き歌・仁多郡奥出雲町上阿井）

出雲地区

わたしゃ貴方に　惚れたが病
他に病は梨の花

伝承者　荒木トミさん・1963年（昭和38年）当時83歳
収録日・1963年（昭和38年）8月9日

石臼挽きの歌のことを、当地では「いししふきのうた」と称している。これは出雲地方で一般的に言っているようである。今では行われなくなったようであるが、昔は各家庭で夜なべ仕事に石臼で米の粉を挽いていたのであり、その作業の際にうたわれていた労作歌がこれである。

この内容は女性の恋歌であることは、詞章を見れば分かる。同じ荒木さんからは、このとき次の歌もうたってくださった。

石臼（いしし）挽け挽け　団子して食わしょぞ
芋（いも）に蕪菜（かぶな）を　切り混ぜて

わしとおまえさんは　開けずの箱だ
仲の良いのは　人知らぬ

食生活の厳しさや人情の機微さがうたわれているのである。

23 さらば行きます

（長持ち歌・松江市本庄町）

出雲地区

さらばナーア行きます　どなたもさらば
長のナーアお世話に　アーなりましたがーヨ

さらばナーア　行きます　どなたもさらば
今度ナーア来るときゃ　アー客で来るがーヨ

伝承者　田村善実（よししか）さん・1961年（昭和36年）当時55歳
収録日・1961年（昭和36年）10月13日

嫁入りで娘が家を出るおりうたわれる長持ち歌である。以前は嫁として、これまで育った実家を、人足の担ぐ駕籠に乗って出ていった。この長持ち歌は家を出るときだけでなく、道中、歌い手によってうたいつづけられ、婿の家に入るときにも受け渡しの歌があったりした。いずれも嫁になる娘や実家の両親、婚家先の人々に気持ちが込められていて、何とも言えない。

同じ伝承者からうかがった到着したときの歌など、囃し言葉を略して紹介しておく。次の歌は、婚家に到着したときうたわれる。

蝶よ花よと育てた　この子
今宵貴方に　差し上げます

婚家では、それに呼応して待ち歌が出る。しかし、実際はわざとじらしてなかなか待ち歌を出さない。そうすると双方で歌の掛け合いになった。やがて婚家の方から待ち歌が披露される。

門松ばかりが　松ではないよ
嫁御待つのも　待つじゃわいな

この歌が出てから、初めて婚家へ上がることができる。そして荷物もまた婚家へ上げるが、それが済むと、次の歌。

嫁御ばかりか　お荷物までも
奥の一間に　収めます

これでめでたく嫁入り道中は終わりになる。

この長持ち歌は、地方によっては「馬子歌」とか、「宿入り（しゅくいり）」、「ナゴヤ」「祝言歌」などとも称され、詞章についても、いろいろ存在している。鹿足郡吉賀町椛谷では、

ここは大坂（だいさか）　四十二の曲がりを

こけずまるげず　事やりましょう
担ぎつけたよ　この長持ちを

これは道中歌であろう。また到着したら、荷物を花嫁の前に置き、次の歌をうたった。

これの座敷は　めでたな座敷
鶴と亀とが酌取るよ　嫁さん静かに

伝承者　大田節蔵さん・1895年（明治28年）生

まだまだ類歌はあるが、紹介しきれない。

24　芸は芝翫で男は璃寛

（島芝翫節・松江市八束町二子）

出雲地区

芸は芝翫で　男は璃寛ナー
かわいらしさが門之助
ヤーアレワノ　ヨーイエ　ヨーイヨイ

伝承者　安部　伝さん・1885年（明治18年）生
収録日・1969年（昭和44年）7月23日

中海に浮かぶ離島だった八束町も、今は陸続きになっている。しかし、近年までは中海の中に位置する島であった。したがって、人々の言葉も、周辺の美保関町や松江市の人々の言葉とは異なった独特のアクセ

ントやイントネーションを持っていて、言葉を交わせば、この島の人だとすぐに分かったものである。

　島の民謡にも他では見られないものもあった。

　ここに挙げたこの歌は二子地区のものであるが、八束町自体でも耳にすることが少なくなってしまったといわれているもので「島芝翫節」と呼ばれる歌である。節回しはなかなかむずかしい。これは労作歌ではなく宴席などでうたわれていた祝儀歌だったという。

　ここでは昔から、地芝居が盛んだった模様で、その影響があったのだろうか。この歌の詞章に見られる人物の名前は、昔の人気俳優だった。すなわち、芝翫というのは、江戸時代の歌舞伎役者、中村芝翫のこと。璃寛は、文化・文政期の人気歌舞伎役者・嵐吉三郎のことである。また門之助も同様、市川門之助のことで、いずれも江戸時代人気歌舞伎役者の名前である。

　ところで、明治19年に島根県教育委員会から出された『島根県の民謡』によれば、波入地区で収録された同類が紹介されていた。それによると同じ詞章でももう少し長く続けられ、以下のようである。

芸は芝翫で　男は璃寛ナー
かわいらしいが門之助
人の好くのが　ナーヨーオーイー
蝦十郎ナー　ハレワイーヨーイー
ヨーイヨイ

　また、この他の詞章も紹介されているので、一例だけ挙げておく。

歌の安来の　亀島越せばナー　周囲三里の牡丹島
今に残りし　ナーヨーオーイー
芝翫節ナー　ハレワイーヨーイー
ヨーイヨイ

　１９４１年（昭和16年）に冨山房から出た『郷土民謡舞踊辞典』の中の「しかんぶし」を見ると、八束町波入に伝わるこの歌について、以下のように説明されている。「米は四貫で石では二貫、廿や五年の豊の秋、京や吉田の御託宣、ハレワイサノヨ（中略）土地では俳優中村芝翫に因み、芝翫ぶしと記すが、前記の歌が根本なら四貫ぶしであらう。」

　いったい、どちらが正しいのであろう。

25

臼にさばらば歌出しぇ女

（臼挽き歌・仁多郡奥出雲町大呂）

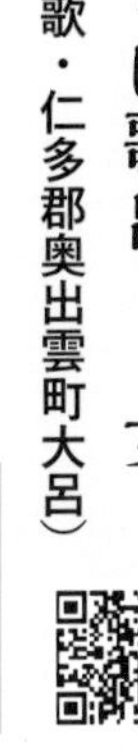

出雲地区

臼にさばらばナー　ヨイナ　ヤレナー　ヨイナー
歌出しぇ女（おなご）　歌は仕事の　ヨイナー　ヤレナー
ヤレ　花だもの

ハー　家の親方は　ヨイナー　ヤレナー　ヨイナ
団子か餅か　餅は餅だが　ヨイナー　ヨイナー
ヤレ　金持ちだ

伝承者　安部イトさん・1896年（明治29年）生
収録日・1972年（昭和47年）4月26日

ヤレナーとかヨイナーなどの囃し言葉を除くと、詞章は7775となり、近世民謡調になる。江戸時代中期から全国的に広まったスタイルである。どういうものかこの形は収まりがよいからだろう、多くの民謡に採用されているのである。安来節、貝殻節、キンニャモニャ、どっさり節などの座敷歌はもちろん、関の五本松もまたこの形の字余りと考えられる。

ところで、ここに上げた労作歌に属する臼挽き歌は、詞章が二種類ある。特に一番、二番というわけではない。そのときの気分に合わせて、適宜気に入ったものがうたわれている。

初めの「臼にさばらば」の方は、まさに臼挽き歌専用の詞章であるので、他の作業に歌われることはないが、次の「家の親方」の方は、別に臼挽き専用でなくともかまわない内容なので、他の作業のおりでもいくらでも使うことができた。例えば田植え歌とか餅つき歌、それに労作歌ではなく、盆に踊られる、いわゆる踊り歌に分類される盆踊り歌などにもうたわれることがある。

そうして見れば、初めの歌は、臼挽きという作業のなくなった今、すっかり影を潜めてしまったが、次の方は、縁起の良い内容から、座敷歌に姿を変えて、ときおりは現在でもうたわれている。

そのようなことを頭に置きながら、他の地方で歌われていた臼挽き歌の詞章を挙げておこう。

臼を挽かりゃば　じゅんどに挽かれ
臼のがく挽きゃ　末ゃ遂げん

伝承者　飯石郡飯南町赤名出身　山下千代子さん・1915年（大正4年）生

臼や回れや　挽き木や挽きゃれ
臼の早挽きゃ　末ゃ遂げぬ

伝承者　江津市跡市町　古川シナさん・1891年（明治24年）生

例えば、このあたりは、確実に臼挽き歌専用であった。しかし、臼挽き歌としてうかがった次の歌は、他の労作歌としても使えるものである。

丸い卵も切りよで四角　ものも言いよで　角が立つ

伝承者　江津市桜江町勝地　稲田ナカノさん・1893年（明治26年）生

26 世の中にめでたいものは

（松坂・松江市美保関町万原）

出雲地区

世の中に　めでたいものは芋の種
葉には金銀黄金の　露を受け
根には十二の子を栄え　孫子栄えて末繁盛

伝承者　梅木一郎さん・1933年（昭和8年）生
収録日・1970年（昭和45年）7月23日

この歌は婚礼後の祝宴とか、めでたい席でうたわれるもので一種の余興歌である。

祝いの席の歌であるので、そこでうたわれる歌の詞章も、縁起を担いでめでたい内容になっている。芋といえば、根元に多くの実をつけているところから、子孫繁栄を示し、葉に溜まる露も、光線のあたり具合によって、金銀黄金のように輝くことがあり、それを財宝になぞらえて、豊かになるよう願う気持ちを、そのようにうたい込んでいるのであろう。また「十二」の数字は、一年が十二ヶ月からなっていることを象徴しており、そこから一年中常にとの意味を象徴していると考えられる。

ところで、この歌は県下一円で聞くことができるようである。そして似たようにしてうたわれているやはり松坂といわれる歌を、同じ美保関町の歌で紹介しておこう。

まず次の歌は「高砂」の後に出すものとされている。

うれしめでたェー　この盃は
鶴と亀との盃で　鶴は千年生きるもの
亀は万年生きるもの　この酒いただく
おん方は寿命長かれ　末繁盛

伝承者　梅木一郎さん・1933年（昭和8年）生

鶴とか亀は、もともと長寿であり、それだけに縁起の良い動物と見なされていることは、説明するまでもあるまい。同じような詞章ではあるものの、もう少し長い歌も次のように残されている。

盃の台の回りに　松植えて
上から鶴が　舞い下がり
下からは亀が　はい上がり
鶴は千年生きるもの　亀は万年生きるもの
鶴と亀とのおん盃で　このご酒あがる
おん方は寿命長かれ　末繁盛
（同右）

次には婚礼の謡の後、お開きの盃のおりにうたわれるものである。

祝言の床前見れば　婿さんは　待つ（松）ばかり
嫁御は紅梅、梅の花　二親さんは高砂で
謡の文句は四海浪　静かに納まる床の間へ
（同右）

まさに宴会の収めにふさわしい歌である。以前、婚礼もめいめいの家で行われたから、これらの歌はまさにその家の繁栄を祝福していたのである。

27　たまのお客に何事ないが

（フイゴ歌・仁多郡奥出雲町大呂）

出雲地区

たまのナァお客にアー　何事ないが
ア、たててナア　見せましょ　アー金花（かねはな）を
蹈鞴（たたら）打ちには　ア、金屋子（かなやご）さまの
金のナアー御幣がヨー　アー舞い遊ぶ

伝承者　嵐谷忠一さん・1964年（昭和39年）当時54歳
収録日・1964年（昭和39年）8月12日

わが国では現在、蹈鞴（たたら）製鉄は、特別に「日刀保タタラ」として行っている仁多郡奥出雲町を除いて、どうやら過去のこととなってしまった。

それでも島根県では、かなり最近まで、このタタラ

製鉄が行われており、雲南市吉田町の田部家や奥出雲町上阿井の桜井家や同町八川の絲原家などは、そのようにして栄えていた。

このタタラの神様については、いろいろな言い伝えがある。

鳥取県日野郡日南町印賀では、金屋子さんが天降ったさい、犬に吠えられ蔦を伝って逃げたが蔦が切れたので犬に噛まれて亡くなった。雲南市吉田町菅谷では蔦の代わりに麻苧（あさお）に絡まって亡くなった。奥出雲町阿井では蔦が切れたが、藤につかまって助かった、そんな訳でタタラの作業所に犬を入れず、タタラの道具に麻苧を用いない。また、桂の木は神木なのでたたらで燃やさないとされている。

ところで、タタラ作業であるが、以前は「鉄穴流し（かんなながし）」と称して、川の上流の山肌から、鉄を含んだ土砂を流し、下流でそれを集めて、火を加え、純粋の鋼を作り出したが、これには三日とか四日を要した。これを一代（ひとよ）と称していた。また、フイゴで風を送りながら作業をしたが、それに合わせてうたわれた労働歌が、このタタラ歌である。詞章は7775の、いわゆる近世民謡調であり、多くは他の民謡からの転用歌といえるようだが、中には独自な歌も存在していた。初めに挙げた二つの歌がそれである。最初の歌の意味はお分かりのことと思う。

「金花」というのは、もちろん、火花のことであるが、熱した鉄から出る火花を、客に見せて仕事に精を出している心意気を誇ろうというのである。また、次の歌にある「金屋子さま」というのは、タタラの神様である。能義郡広瀬町西比田には、金屋子神社があるが、この神を祭った神社として知られている。
また、他の歌をタタラ歌として転用した例として次のものがある。

アうれしナァ　めでたのヨー　ア若松さまは
ア枝がナァ栄えてヨー　アー葉もナァ茂る

ヤあさまはナァ三夜のアー三日月アーさまか
せめてナアー一夜は　アー有明に

28 縄手走る小女房
（苗取り歌・仁多郡奥出雲町上阿井）

出雲地区

縄手走る小女房
長い髪をさばいて
紅葉山の子ワラビ
摘めど籠に溜まらぬ

伝承者　山田福一さん・1964年（昭和39年）当時54歳
収録日・1964年（昭和39年）8月11日

苗取り歌でも「長い歌」と呼ばれており、なぜか出雲地方の一部にしか認められないようである。わたしはこの歌を奥出雲町（旧・仁多町、横田町）、安来市広瀬町で聞いている。
この詞章を文節で見てみると、次のようになる。

縄手（なわて）走る……6
小女房……4
長い髪を……6
さばいて……4

「小女房」は、「こにょんぼ」と読む。だから4音節になる。次の歌も同様である。

紅葉山の……6
子ワラビ……4
摘めど籠に……6
溜まらぬ……4

メロディーは実にゆかしくわびしい情緒に満ちている。わたしは古風を留めている歌だと考えている。

また、詞章の意味であるが、「縄手走る小女房」とは、いかなる情景であろうか。縄手というのは、「畷（なわて）」とも表記し、田の中の細道とか、あぜ道のこと。あるいは真っ直ぐな道をいうのであるから、そこをどういう理由かは分からないが、かわいい女性が長い髪を手でさばきながら、急いで走っているという姿をうたっている。ドラマを秘めた内容もどこか古風さを感じさせる。

また、もう一つの「紅葉山…」の歌であるが、紅葉山というのは、秋になって紅葉の美しい山かと思いがちではあるが、後の「子ワラビ…摘めど…」の詞章が気になる。ワラビの摘める季節は春であり、したがってこの「紅葉山」というのは、紅葉の季節になれば、一段とそれで映えるであろうけれども、固有名詞と見た方がよいのではなかろうか。そうして、これまた一生懸命にワラビを摘むのであるが、なかなか籠一杯になってくれないという嘆きが、言外からにじみ出ている。そこから思わずも溜息（ためいき）が漏れてきそうな気配が隠されている。

ところで、このような六四調の歌は、あまり種類はみつからないようであるが、もう一つ、よくうたわれている次の歌がある。安来市広瀬町布部で聞いたものである。

高い山の葛籠（つづら）を
引けやおろせ葛籠を

伝承者　小藤宇一さん・１９６４年（昭和39年）当時68歳

これは何かの作業をしているさい、大勢で葛籠を下へおろすよう催促している風景が目に浮かんでくる。いずれもかつての農山村の生活をうたっているのであろう。

29　こちの嫁御さんはどこ育ち
（苗取り歌・安来市広瀬町布部）

出雲地区

ヤーレー
こちのナァ嫁御さんは　どこ育ち
ヤーレ稲のナァ　おらぼのナ　のぎ育ち

ヤーレー
こちのナァ婿さまはどこ育ち
ヤーレーあれはナァ　ご城下のナァ　町育ち

伝承者　小藤宇一さん・１９６４年（昭和39年）当時68歳
　　　　山脇ステ子さん・54歳
収録日・１９６４年（昭和39年）８月13日

苗取り歌は、田植え当日、苗を取って稲を植える早乙女に渡す作業のさいにうたう歌をいう。これに対して植えるときにうたわれるのを植え歌と称し、両者を合わせて普通は田歌と呼んでいる。
また、苗取り歌にも長短二種の歌があり、ここに紹

介した苗取り歌は、短い歌の方である。仁多郡や能義郡の山間部で、同類はうたわれており、実際には「ヤーレー」とか「ナァ」とかの囃し言葉が入るので、雰囲気を味わっていただくために、それを加えておいた。

歌の前半部は、音頭取りの男性が、後半部は早乙女がうたう。ここで囃し言葉を省いて音節を調べると次のようになる。

こちの嫁御さんは…9
どこ育ち…………5

ここまでが音頭取りがうたい、田主の嫁は、どこで育ったかと問うている。それに対して以下、早乙女がその答えをうたう。

稲のおらぼの………7
のぎ育ち…………5

「おらぼ」は末端を意味している。「のぎ」は、はっきりしないが、濁らずに「のき」とすれば、内側のことなので、この言葉を当てはめて見れば、稲の末端の内側で育ったということになる。したがって、稲のように大切に外へも出さず内側で育てたという嫁を褒めた内容になっている。そうして音節は合わせて九五七五となっている。

これに対して、次の歌は婿についてのものである。これも同様に音節数をみておく。

こちの婿さまは……8
どこ育ち…………5
あれはご城下の……9
町育ち……………5

初めは音頭取り、「あれは…」から早乙女たちのうたう部分になる。そして嫁同様、婿の育ちをご城下の町育ちであると、やはり褒めている。農村の田植えでありながら、婿が町育ちとはどういうことなのだろうか。はっきりいって、この表現から考えられるのは、町家から迎えた婿を誇っているのである。

「士農工商」の身分制度の厳しかった時代、その枠を越えて縁組みがなされたところに、農民の誇りが垣間見られるとでもいうのであろうか。

30 鴨が来た来た

（大漁歌・松江市島根町多古）

出雲地区

鴨が来た来た　三津島の灘へ
鴨がイワシを　連れてきた　オモシロヤ

伝承者　矢田秀雄さん・１９１５年（大正4年）生
収録日・１９６３年（昭和38年）月日は不詳

これは大漁歌といっているが、「あたごまい」とも呼ばれている。漢字を当てれば「愛宕舞」とでも書くのであろうか。それならば愛宕さんは、海の神で大漁を恵んでくださる信仰につながる神のはずである。けれども、火を防ぐ神で知られているものの、漁とはどうも関係がないようだ。しかし、なぜかこう称している。案外、愛宕信仰には漁に関連する神という意味が隠されているのかも知れない。

さて、この歌はこれまで松江市島根町、美保関町・米子市あたりで収録した。今のところ、他の地方では、残念ながらまだ収録を果たしていない。この歌は主に海の男たちが大漁を祝って酒宴の席でうたわれている。

詞章であるが、「鴨がイワシを連れてきた」とある。つまり、鴨という鳥が、豊漁を運んできたわけであるが、これは神の使いでもある鳥が、人々に幸をもたらすという信仰が底に流れていると考えられるであろう。三津島というのは、島根町多古の沖にある島の名前であるが、同類ではそれぞれの地区の名前を詠み込んで作られている。例えば野波地区では「鴨が来た来た野波の灘へ…」といった具合にである。そして「オモシロヤ」は囃子言葉である。なお、同類の詞章に次のものもある（囃子言葉は省略）。

イワシ捕れ捕れ　天気もよかれ
灘で商い値もよかれ

大漁して　また幟を立てて
明神様へと参詣する

届け届けは末まで届け
末は鶴亀五葉の松

返せ返せも幟を立てて
明神様へと参詣する

　ここに引用した二番目の歌の詞章「明神様」は、近くの美保関町にある美保神社の祭神、事代主命のことであり、別名、恵比寿神ともされているが、この神は漁を司っているのである。

　また三番目の歌である最初の「届け届けは末まで届け」は、一般的には「めでためでたが三つ重なりて」の詞章で知られている歌の変化したものであろう。更に次の歌の「返し」の「返せ返せも幟を立てて」であるが、これは一種の「返し」のテクニックであり、ある歌のくり返しをこううたったものであろう。もちろん元歌は、「大漁してまた幟を立てて、明神様へと参詣する」であり、その前半部分「大漁して」のところを、「返せ返せも」と代用しているのである。

1 麦は熟れるし

（穂落とし歌・江津市桜江町八戸）

石見地区

麦は熟れたし　八玉衆は帰る
何を頼りに　麦ょたたく

八玉衆は帰る　何を頼りに
麦ょたたく（以上・稲田さん）
船は見えても　船頭さんが見えぬ
船頭思うての　八帆の蔭
船頭さんが見えぬ　船頭思うての
八帆の蔭（以上・山田さん）

伝承者　稲田ナカノさん・1893年（明治26年）生
伝承者　山田サキさん・1894年（明治27年）生
収録日・1970年（昭和45年）11月11日

以上が麦の穂を落とすさいにうたわれている「穂落とし歌」である。
よく似たお声であるが、稲田ナカノさんと山田サキさんが交互にうたってくださった。
7775の音節数を持つ、近世民謡調である。
むぎはうれるし……………7
やたましゅうはかえる…9

なにをたよりに…………7
むぎょたたく…………5

「八玉衆は帰る」だけは字余りである。

後半の「八玉衆は帰る／何を頼りに麦ょたたく」の繰り返し部分は「返し」と言われるテクニックで、作業の都合でつけたり、つけなかったりするそうだ。

作業工程の関係で、「横槌歌」もうたわれる。

次に掲げる「ヤンサナー」の歌は、稲田ナカノさんがうたわれた「横槌歌」である。

ヤンサナー　ヤンサでナー　沖ょ漕ぐ船がヨー
女郎がナー招けばナー　ヤンサ
磯に寄るヨー
磯には寄るなヨー　女郎は化け物ナ　ヤンサ
色仕込みヨー

音節を見ると次のようである。

やんさやんさで…………7
おきょこぐふねが…………7
じょろがまねけば…………7
いそによる…………5
いそにはよるな…………7
じょろはばけもの…………7
いろじこみ…………5

やはり近世民謡調である。ただ後半部は七音が一つ欠けた状態になっている。

山田サキさんも「横槌歌」をうたっておられたが。今回は省略させていただいた。

2 いやじゃ いやじゃよ

（紙漉き歌・鹿足郡吉賀町椛谷）

石見地区

いやじゃいやじゃよ　紙漉き仕事
朝間疾うから　サア　水仕事

腹がせくせく　頭がはしる
腹にねんね児がサー　ホントニ　ホントニ
できたやら

隠しゃしませぬ　三月でござる
川の上でもサー　寝とござる
十月十日（とつきとうか）も　苦労はしたが
生まれたこの児は　主さんによく似て

トコネエチャン　愛らしや　ホントニ　ホントニ

伝承者　大田節蔵さん・1895年（明治28年）生
収録日・1972年（昭和47年）ごろ

津和野藩特産として知られた石見和紙であるが、津和野藩に属したここ吉賀地方でも藩に収める紙漉き仕事は、重要で盛んであった。

筆者は昭和47年度から5年間、柿木中学校に勤務していて、この大田さんのお宅には、よくおじゃましたものである。

節蔵さんの奥さんはサダさん（明治30年生）といって、ご夫婦そろって、物識りだった。

筆者はどれくらい教えていただいたことか。今でも心から感謝しているのである。

この紙漉き歌であるが、大田さんご自身も紙漉きの体験者であって、歌の詞章の通り、「冬の朝寒いときから作業を行ったものです」と話しておられた。

遊び言葉を除いて、音節数を見ておこう。

いやじゃいやじゃよ……7

かみすきしごと………7
あさまとうから………7
みずしごと………5

このようにこの歌も近世民謡調になっていることがよく判る。

サダ奥さんとは、歌の贈答をよくした思い出は懐かしい。

孫で中学生の俊夫君が、柿木中学校の職員室へ来て「おばあちゃんからです」と紙切れを出すので、開いてみると、サダさんの歌が出て來た。

暇を差し繰り　来りゃよかろうと
沙汰して待つのは　爺と婆

筆者もすぐに返事を書く。

行こと思えど　仕事はせわし
心そちらに　身はこちに

まだまだ事例はあるが、省略する。

3　生えた生えぬは
（田の草取り歌・江津市跡市町）

石見地区

生えた生えぬはヨー　上から知れぬ
夏の田の草　取りゃ知れる

伝承者　古川シナさん・1891年（明治24年）生
収録日・1971年（昭和46年）8月16日

田に生えた雑草を抜きながら、稲の発芽をさぐる様子をうたったものであろう。
音節を見ると次のようになっている。

はえたはえぬは……7
うえからしれぬ……7
なつのたのくさ……7
とりゃしれる……5

7775となり、典型的な近世民謡調である。
この形の作業歌は、広く各地の農村で見られる。伝承者の古川さんがうたわれた「臼挽き歌」も同様であった。

臼や回れや　挽き木はじしゃれ
臼の早挽きゃ　末ゃとげぬ

せっかくなので他の種類の作業歌で同じ7775調を紹介しておこう。
木挽き歌として聞いた大田市川合町吉永の酒本安吉さん（明治7年生）の歌。

思い出いては　空星眺め
あの星あたりが　主の空

地搗き歌として浜田市金城町七条の前岡シズヨさん（明治32年生）からうかがったもの。

山で床取りゃ　木の根が枕
落ちる木の葉が　夜着となる

餅つき歌としてうかがった。浜田市三隅町三隅の岩田イセさん（明治19年生）の歌。

声じゃ呼ばれぬ　手じゃ招かれの
歌の文句で悟りゃんせ

田植え歌として益田市匹見町道川の寺尾セツさん

（明治20年生）からうかがったもの。

思う殿御と　田の草取れば
あたりあたりりゃ　おちょ（お手）握る

ここにあげた木挽き歌、餅つき歌、田植え歌のいずれの詞章も異性間の恋心をうたっている。人々の生活にとって、恋愛は重要なことと理解できる。

「山で床取りゃ……」の地搗き歌は、この点ではやや異質かもしれないが、以前の人々の旅の様子と思えば、それなりの味はあるようであろう。

4　切れた切れたと

（木挽き歌・江津市桜江町谷住郷）

石見地区

ヤーレ切れた　切れたと　上向きばかり
水にゃ浮き草　根は切れぬ
チャリンコ　バッサリ　キクザキ　マイゾヨ

伝承者　今谷太郎一さん・1900年（明治33年）生
収録日・1960年（昭和35年）8月16日

木挽きの仕事は、木を相手に行う退屈さとも相まって、作業歌の中身は、多様なものだったようだ。

この今谷さんの元気いっぱいの声を聞いていると、筆者も当時は二十五歳の若さで、多くの方々から録音させていただいたのであったが、録音機そのものも、現在のように手元にあるものではなかったからか、録

音して自分の声を聞いてみると、まるでラジオから流れるような気持ちになって、喜んで次々思い出してはうたったり話したりしてくださったものである。

この今谷さんの木挽き歌を遊び言葉などを省いてみると、

きれたきれたと……7
うわむきばかり……7
みずにうきぐさ……7
ねはきれぬ…………5

7775の近世民謡調であることが判る。そして内容は、世間的によくあるような男女間の微妙な姿が、垣間見られて、なるほどと頷けるから面白い。

だれが作り出したのか作者不明の伝承歌であるだけに、庶民の思いを巧みに歌い込んだ技量に感心させられる。

さて、木挽き歌としてよく聞いた詞章として。思い出すものをあげておく。

木挽き女房に　なるなや妹
木挽きゃ息をひく　はよ死ぬる
妹行くなよ　木挽きさんの女房にゃ
木挽きゃ息をひく　はよ死ぬる

木挽きさんたちゃ　米の飯ょを食べて
木挽きゃ息をひく　はよ死ぬる

木挽き　木挽きと　名はよいけれど
木挽きゃ息をひく　はよ死ぬる

木挽き　木挽きと　大飯食ろうて
松の根切りで　よろぼえる

いずれも厳しい内容であるが、中には木挽きの心意気をうった次のものもあったのである。

木挽き　木挽きと　馬鹿にはめすな
小判並べて　女郎も買う

5

夏の暑いのに草取るよりは

（草取り歌・浜田市三隅町古湊）

石見地区

夏の暑いのに　草取るよりは
草取るよりは　だらずヤレ病みをして
寝るがよい

そうじゃ寝るがよい　だらず病みをして
寝るがよいが　ひとちゃ身のため　君のため
そうじゃ君のため　ひとちゃ身のため　君のため

三次三次と　どこがようて三次
どこがようて三次　三次ゃ山のこうで　川ばかり
そうじゃ川ばかり　三次ゃ山のこうで　川ばかり

三次ゃ五万石　さらし野なれぞ
さらし野なれぞ　せめてやめましょ　門立ちを
そうじゃ門立ちを　せめてやめましょ　門立ちを

伝承者　山根俊子さん・1920年（大正9年）生
収録日・1960年（昭和35年）5月12日

田の草を取るときの作業歌である。
滝のように汗が出て来るのも厭わず、草取りをしなければ、稲の実りは望めない。

だれかが歌い出すと、自然に歌となって、うたいながら作業は進むのである。
メロディを聞いてみると、意外にテンポがゆるやかであるのに驚かされる。実際に厳しい作業なので、テンポが急なのは、かえって作業がはかどらなくなるのかもしれない。
また、同じ詞章の繰り返しが見られるのも、この草取り歌の特徴のようである。音節数を見てみると、初めの部分は、次のようになっている。

なつのあついのに……8
くさとるよりは………7
くさとるよりは………7
だらずやみをして……8
ねるがよい……………5

次の部分は、

そうじゃねるがよい…8
だらずやみをして……8
ねるがよい……………5
ひとちゃみのため……7
きみのため……………5

初めのは87785、次のは88575であり、いわゆる近世民謡調の77775スタイルを基本としながらも、その字余りであり、1フレーズ多いところに、特徴があるようである。作業歌ではあっても、近世民謡調の影響下にあるのだろうか。

6　酒屋　酒屋と好んでも来たが
（もとすり歌・浜田市三隅町岡見）

石見地区

アラ酒屋　酒屋とヨー　好んでも来たが
アラ務めかねますノーオー　この冬は
アラ酒屋杜氏さんとヨー　ねんごろすれば
アラ蔵の窓からノーオ　粕くれる

ヤレ宵にゃもとする　夜中にゃ甑
ヤレ朝の洗い場がノーオ　辛うござる
アラ朝の洗い場は　辛くはないが
アラ独り丸寝がノーオ　辛うござる
ヤレ酒屋もとすりゃ　もとが気にかかる
コラ帰りゃ妻子がノーオ　泣きかかる

以上は酒屋杜氏が、作業のさいにうたう「もとすり歌」と称するものである。

続いて以下は、同じく「桶洗い歌」といわれている作業歌である。

ヤレ酒はよい酒　酌取りゃなじゅみヨー
ヤレ飲まぬうちからノー　酔いが出るヨー
ヤレわたしゃ一粒(いちりゅう)　ヤレ流れちゃいやじゃヨー
ヤレ共に入りたやノー　ヤレ桶の中ヨー
ヤレ親の意見と　ヤレ茄子の花はヨー
ヤレ千に一つもノー　ヤレ仇もないヨー
ヤレ千里飛ぶよな　ヤレ虎の子がほしやヨー
ヤレ便り聞いたりノー　ヤレ聞かせたりヨー
ヤレ暑い寒いのヨー　ことづけよりもヨー
ヤレ金の千両もヨー　ヤレハー送りゃよいヨー

伝承者　寺戸歳男さん・1908年（明治41年）生
収録日・1960年（昭和35年）3月27日

いずれも寺戸歳男さんが、みごとな声量でうたってくださった酒屋杜氏の作業歌である。

今から60年以上も前の記録ではあるが、うたってくださったときの豊かな声量の声は、今でも筆者の頭の中にはっきり残っている。確か昭和36年のいつだったか、まだテレビ放送も開始されていなかったし、ラジオによる民間放送もなかった時代であったが、どういう因縁だったか、NHK松江ラジオ第一放送で、この杜氏歌を、島根県下に放送したことがあった。

もちろん、事前に寺戸さんには知らせておいた。当時のこととて、ラジオ放送をするということだけで、田舎では大事件であり、寺戸さんも喜ばれたことだったようで、「聞きました」と便りをくださったものである。

7　おばばどこ行きゃる
（餅つき歌・浜田市三隅町古湊）

石見地区

おばばどこ行きゃる　三升樽に
イワシを三ごん提げて　嫁の在所に孫抱きに
ヤンサヨ

益田名物餅つき音頭　調子揃えて杵の音　ヤンサヨ

伝承者　浜崎綾子さん・1921年（大正10年）生
収録日・1960年（昭和35年）4月20日

ここ石見地方西部では祝いの餅を搗くとき、作業歌として、よく餅つき音頭をうたったものだった。

筆者が初任校の三隅中学校に勤務していたころ、ちょうど携帯用の録音機が発売されたばかりだった。そこで始めたのが、民話やわらべ歌などを録音し、学校での授業でも生徒に聞かせようと、若い筆者はこれらの伝承を貴重なものだという認識を筆者なりに自覚しつつ、古老を訪ねて録音を続けたものだった。中には「民話は知らないが、作業歌ならうたえますよ」という方々もいたので、筆者の収録作業は、民話、わらべ歌以外に、田植え歌とか臼挽き歌、酒を造る作業で杜氏たちのうたう杜氏歌など、次第に口承文芸一般に広がっていったものである。

浜崎綾子さんも、まだお若いにもかかわらず、熱心な協力者のお一人だった。

この餅つき歌であるが、はやし言葉である「ヤンサヨ」を除けば、7775の近世民謡調である。三隅中学校校区ではよくうたわれていた。

オーソドックスな歌は、次のものである。

餅を搗くなら　一石どま搗きゃれ
二斗や三斗は　だれも搗く

似ているが、次のものもあった。

餅を搗くなら　一石二斗どま搗きゃれ
二斗や三斗は　臼よごし

これもまたよくうたわれていた。

餅を搗くなら　一石二斗どま搗きゃれ
二斗や三斗は　杵よごし

しかし、ここ三隅町を外れたとたん、どうしたことかこの類いの餅つき歌に出会うことはついどなくなってしまった。

それだけに、筆者が若かった初任校に勤務していた時代。盛んに校区内で聞いていたこのような餅つき歌は、まさに筆者にとっては、「懐かしのメロディ」そのものなのである。

8　雨が降りそな台風が来そな
（田植え歌・鹿足郡吉賀町下須）

石見地区

雨が降りそな　台風がしそな
思う殿御さんが　流れそな

伝承者　川本一三さん・1964年（昭和39年）当時53歳
収録日・1964年（昭和39年）2月21日

田植え歌の中でも7775の音節数からなる、近世民謡調のものを、ここ吉賀町あたりでは端歌と称し、出雲地方などのように「かつま」とは言っていない。それはともかく、この詞章の大袈裟なことはどうだろう。

恋に身を焦がした娘心なればこそ、雨が降りそうな気配から、次々と先を読んで、一人で心配しているさまを、おもしろおかしく表現している。

厳しく辛い田植え仕事も、こうした愉快な歌を口ずさむことによって、労働の苦しさを忘れさせ、作業を捗らせるのであろう。

川本さんは、次々とそのようなラブソングをうたってくださった。

思う殿御が　ちらちらすれば
いらぬ水まで　汲みに行く

この歌もまた女性の恋心を見事にうたいあげている。

さまは三夜の　三日月さまよ
宵にちらりと　見たばかり

会いたいと思っても、なかなかそううまくはことが運ばない。そのような現実をうたっている。

川本さんは、本当にこのような労作歌がお好きであった。その気持ちは、以下の歌に託してうたっておられたようである。

わたしゃ歌好き　うたわにゃならぬ
歌でこの身は　果ててでも

歌え十八　声張り上げて
声の出るのは　若いとき

そうかと思えば、次のような歌で笑わせられたこともある。

うたえうたえと　せき立てられて
歌は出ませぬ　汗が出る
出ませぬ　歌は　歌は出ませぬ　汗が出る

これらの歌は、筆者が三〇代になるかならないかのころうかがった。江戸時代の終わり頃出た民謡集『山家鳥虫歌』ではないけれど、そこにあるのと同じような歌が、いくらでもうかがえたことが、本当に懐かしい。

9 思い出すよじゃ惚れよが浅い
（盆踊り歌・鹿足郡吉賀町幸地）

石見地区

アラ　エー　思い出すよじゃ　惚れよが浅い
アラ　ヨウダシタ　思い出さずにゃアー
チョイト　忘れずにゃ　アラ　エーイ　エーイト
サンサー

アラ　エー　思ちゃおれども　言いかけにくい
アラ　ヨウダシタ　心やすいが　チョイト　玉に瑕
アラ　エーイ　エーイト　サンサー

伝承者　中村友一さん・１９６６年（昭和41年）当時62歳
収録日・１９６６年（昭和41年）５月７日

この盆踊り歌は、長編でいわゆる口説きといわれる種類の歌ではなく、７７７５の近世民謡調であり、それぞれ独立しているので、順序など関係なく、自由にうたわれるものである。

思い出すよじゃ………７
惚れよが浅い………７
思い出さずにゃ………７
忘れずにゃ………５

思ちゃおれども………７
言いかけにくい………７
心やすいが………７
玉に瑕………５

二つとも男女の機微を見事に歌い上げたものである。そして最初の詞章は、1771年（明和8年）の序がある『山家鳥虫歌』の中の大隅国（鹿児島県）のところに、次のように記されている。

思ひだすとは　忘るるからよ
おもひ出さずに　忘れずに

多少の違いは見られるものの、基本的には共通している。実は同想歌は、もっと古く1518年（永正15年）に作られた『閑吟集』の中にも次のように出ていた。

思ひだすとは　忘るるか
おもひださずや　忘れねば

そうしてみれば起源はかなり以前にさかのぼることができるのである。

同じ歌い手からうかがった別な歌としては、

青い松葉の　心底見やれ
枯れて落ちるも　二人連れ

山が高うて　あの家が見えぬ
あの家恋しや　山憎や

このような歌があるが、いずれも江戸時代から伝えられている歌に違いないものであろう。

ともかくも、うたってくださった中村さんは、「三度の飯より歌が好き」といった感じの方で、筆者が石見の地から、遠く離れた出雲の地に転勤した後も、カセットテープに歌を録音され、それを郵送してくださったりしていた。懐かしい思い出である。

10　沖を走るは丸屋の船か

（草取り歌・益田市美都町二川）

石見地区

沖を走るは　丸屋の　丸屋の船か
丸に　サー　屋の字の　ヤーレー　帆が見える

丸に　ヤーレー　屋の字の　帆が見える

伝承者　金崎タケさん・1961年（昭和36年）当時66歳
収録日・1961年（昭和36年）8月21日

何ともゆったりした草取り歌である。田植えをした後、しばらくすると、田んぼに草が生え始める。一番草、二番草…と農家にとっては辛い草取りの作業が始まる。この歌はその作業の際にうたわれるのである。

返しの部分を省いて音節数を見ると、7775の近世民謡調となる。

沖を走るは…………7
丸屋の船か…………7
丸に屋の字の………7
帆が見える…………5

この「丸に屋の字の帆」であるが、江戸時代の元禄の頃（1988〜1703）、江戸大伝馬町の三丁目に丸屋某なる廻船問屋があったといわれ、そのことをいったものらしい。類歌として1771年（明和8年）の序がある書物『山家鳥虫歌』の肥前国（現在の佐賀県・長崎県）の歌「平戸小せどから舟が三艘見ゆる、丸にやの字の帆が見ゆる」があり、この歌も美都町の歌と同想異曲というべきだろう。

この『山家鳥虫歌』は江戸時代、全国で流行していた労作歌を集めたもので、上下二巻から成り、合わせて二九四曲の詞章が掲載されている。そしてこの中には、今日でも広くうたわれているものがいくらでも見られる。

舟という点から眺めると、山城国（京都府の南東部）風として「舟は出て行く帆かけて走る、茶屋のをなごは出て招く」があり、この歌などは別に京都ならずとも、よく聞く詞章である。一般に7775調の歌の詞章は、特定の地方に決まってあるというよりは、そのような地域性とは無縁で、多くの地方でうたわれているのである。

今少し、同書から島根県関連の歌を挙げておこう。まず出雲国から、

これの石臼　ふかねどもまはる、
風の車なら　猶よかろ

「ふかねども」は出雲的な発音から「挽(ひ)かねども」を聞き違えて記されたものであろう。石見国では、

闢の地藏に　振袖きせて、
奈良の大佛　聟にとろ

隠岐国では、

いなしょいなしょと　思うたうちに、
太郎が生まれて　いなされぬ

などが見られる。しかし、実際これらの詞章は全国的にうたわれていたと見るべきなのである。

11　五月は組の寄り合い
（麦搗き歌・浜田市金城町七条）

石見地区

五月(ごんがつ)は組の寄り合い
教えてたもれ田姿を
田姿は教えまいらしょ
のうばは笠の輪の内

伝承者　片山イチさん・1961年（昭和36年）当時74歳
収録日・1961年（昭和36年）8月17日

麦搗き歌の旋律は、いつ聞いてもものわびしいものがある。ここに挙げた詞章からは、麦搗きというよりは、田植えをうたった内容であることが分かる。ただ、麦搗き歌と称する歌は、元々は麦搗きのおりに用いられていたが、次第に田植え歌に転用されてきたといわれているので、それであるならば、詞章の内容に田植えについてのものがあるのも、自然な変化だといえるようである。

さて、最初の歌の出だしである「五月」というのは、田植えを行う月のことであり、お互いの家の田植えを、組内で助け合って行うのが慣習だったから、その田仕事の相談の様子をうたっている。そして嫁に来たばかりの若妻が、組内の一人に田植えの服装を聞いている。その答えに当たるのが二番であるが、残念ながらわたしには「のうばは笠の輪の内」の意味がはっきりしない。どなたかご存じの方は教えていただきたい。

ところで、この詞章の音節数は、それぞれ次のようである。

五月（ごんがつ）は……………5
組の寄り合い…………7
教えてたもれ…………7
田姿を（字余り）………5

田姿は…………………5
教えまいらしょ…………7
のうばは笠の…………7
輪の内…………………4

このスタイルは古代調ということになる。したがって、かなり古い時代からうたい継がれて来たことが推定される貴重な歌と思われる。

　片山さんは、わたしがうかがったおりに、他にも麦搗き歌を教えてくださった。いずれもなかなか聞くことの出来ないような貴重な詞章の歌である。せっかくの機会なので、以下にそれを紹介しておく。

麦搗いて　米に替えましょう
明日こそ米の大田よ

大田なりと小田なりと
嫁しよびようたわしょ

ぴよぴよと鳴くは鵯（ひよどり）
鳴かぬは池の鴛鴦（おしどり）

鴛鴦が思いこそは
羽根をば頼みこうかちょ

長浜の婿が来るやら　二人来るやら
諸刃にかけてよろおす

　最後の歌の後半は、はっきりと聞き取れなくて残念ではあるが、記しておくことにした。このところは5774のスタイルになっていないので、崩れた形であることもご留意いただきたい。

12　良い良いと吹けど囃やせど
（田植え歌・鹿足郡吉賀町椛谷）

石見地区

良い良いと　吹けど囃せど
わが親ほどにゃ　ござらぬ

親里に行くと語ろう
殿御の親の次第を

親里に行くと語るな
みな姑（しゅうとめ）の習いよ

習い習いと　お言やる殿の　邪険（じゃけん）な

親里に行くは街道
帰りの道は関山（せきやま）
関山におしや赴く
帰しゃる親の心を

伝承者　大田サダさん・1897年（明治30年）生
収録日・1963年（昭和38年）9月7日

何とも切ない田植え歌であることか。「田丸節」と称するこの歌を聞いたのは、1970年（昭和45年）頃だった。録音テープは持っているものの、うかつにも収録年月日をメモすることを忘れていたが、わたしが柿木中学校に勤めていた折に、毎週のように大田さん宅を訪問して、当地の習俗を節蔵・サダご夫妻からうかがっていたから、およその見当がつく。

親里に……………5
行くと語ろう………7
殿御の親の…………7
次第を………………4

歌の音節数はこうなるが、この5774の詩型は、いわゆる古代調とされている。したがってかなり古いタイプのスタイルを持った歌であることが分かる。ただ、内容的には嫁入り婚の姿を示しているので、詞章は江戸時代くらいに成立していると推定したい。

内容は説明する必要もないくらい明白である。簡単に全体を通して解釈しておこう。

あの家の姑はとても良い人だと、仲人から聞かされて来たものの、聞くと実際とでは大違い、決して自分の親のようには親切ではありません。

実家へ帰ったら、そのときこそ、平素、姑にいじめられても我慢してきたことを、こと細かに話しましょう。

そんなバカなことを実家で話しなさんな。世間の姑は、みなそんなものだ。うちの母が特別ひどいとおまえは思いこんでいるだけなのだから。

それが世間の常だ常だと諦めさせ、実家に帰っても話すなとおっしゃるあなたの気持ちは、なんとまあ冷たく意地が悪いのでしょう。

実家への道は、心も飛び立つように弾み、道もなだらかですが、再び婚家へ帰る場合は、同じ道でも関所のある険道難路を行くようで、足がなかなか前に進みません。

関所のある険道難路を行くように、婚家へ帰るのを嫌がっている娘も可哀想だが、それを勇気づけ、むりに帰させる実の親の心の中は、いったいどんなであることか。

なかなか意味深長な田植え歌である。

13 舅渋柿　小姑はキネリ（田植え歌・大田市三瓶町池田）

石見地区

舅（しゅうと）渋柿　小姑はキネリ　嫁は西条の合わし柿
かわいがらされ　わが子の嫁を

あなた一人が頼りじゃよ

伝承者　宮脇サトさん・1961年（昭和36年）当時68歳
収録日・1961年（昭和36年）7月26日

これは石見地方の田植え歌であり、いつうたってもよいものである。7775調のいわゆる近世民謡調といわれている歌であり、江戸時代中期以降に全盛を誇った形を持っている。もちろん現在もこの形は、都々逸をはじめ、安来節や関の五本松などの多くの民謡で残されている。

ところで最初の詞章であるが、姑と嫁の様子をうたっている。ついひと頃前までは、嫁いできたばかりの若嫁にとって、いわゆるそこの家風に合わせるものとして、厳しく若嫁をしつけようとする舅や姑は、なかなか厳しく手強かった。

「舅渋柿」というのは、常に嫁に対して笑顔を向けず、厳しく接してくる男親、つまり舅の姿をいっている。柿にたとえれば、渋柿そのものといったところで、いつも渋面をして嫁に対するが、一方、女親である姑もまた同様なのである。

次いで「小姑はキネリ」の「キネリ」の意味であるが、これは樹の上で甘くなる小さな柿のことをいう。小姑、つまり夫の姉妹の方は、舅や姑よりは多少は甘いというのである。しかしながら、「嫁は西条の合わし柿」というのであるから、嫁は何でも「はい、おっしゃる通りです」と婚家の人々の言葉に対して、口答えなどはせず、何でも肯定していなければ、心の安泰は保障されないというのであろうか。

西条とは、広島県西条町（東広島市）が合わせ柿の名産地であるところから来ている。

そうして眺めてみると、この歌は渋柿、キネリ柿、そして合わせ柿と三種類の柿を並べて、その特徴を読み込んで、嫁と舅、姑の関係の厳しさをうたっている。かつての庶民のやや暗いユーモアを感じるような詞章である。

これに対して二番目の詞章は、「舅渋柿…」という最初の詞章とは対照的に、嫁の立場を擁護した内容になっている。

かわいがらされ　わが子の嫁を
あなた一人が頼りじゃよ

ここでいう「あなた一人が頼りじゃよ」の「あなた」は、姑（しゅうとめ）のことを指しているのであろうか。このように二つの歌をワンセットとして考えれば、厳しい舅に対し、姑の方は多少は嫁に理解があるというのだろうか。姑は、かつて嫁入りした自分の境遇を振り返って、わが子の嫁である若妻をいたわる気持ちを持ちなさいと、第三者が忠告しているようである。

14 さまと別れて

（田植え歌・鹿足郡吉賀町下須）

石見地区

さまと別れて　松原行けば
松の露やら　涙やら
松の露でも　涙でもないが
思い合わせの　霧が降る
合わせの　思い
思い合わせの　霧が降る

伝承者　川本一三さん・1911年（明治44年）生
収録日・1964年（昭和39年）2月21日

1964年（昭和39年）に川本さんのお宅で聞かせていただいた田植え歌の一つがこれであった。「合わせの、思い」以下は返しと称する繰り返しの部分であり、ここは都合によってうたったり省略されたりと、実際の場面では自在に扱われている。また、もともと田植え歌は決められた順番でうたわれるものと、いつう

たってもよい自由な歌と二通りの種類が認められるが、この歌はいつうたってもよい部類に属している。

それはともかく、田植えという作業をしながらうたわれていた歌の中に、このように優れた叙情性を秘めた詞章も存在していた。

哀愁をたたえ、しかもどことなく品のある美しさに満ちあふれた歌であることか。内容を眺めてみれば次のように解釈されそうである。

主人公は乙女である。千秋の思いで恋人を訪ね、人目をはばかって、やっと逢瀬を過ごしたのも束の間、もう別れる時間が来てしまった。つもる話をあれこれとしあったものの、周りの人々は、この二人を心から祝福してくれないのか、互いに何かと気にかかる話題は多い。

心を後に残して恋人と別れ、松並木を家路にと急ぐ乙女の胸には、恋のたとえようもない切なさと不安感が、次々とわき上がってくる……。そしてふと気がついてみると、いつの間にかあたり一面に深い霧が立ちこめつつあるではないか。泣きたいような乙女の気持ちを、まるで象徴しているかのように、静かにゆっくりと霧は降りてくるのであった。

こうわたしは解釈したが、いかがであろうか。

「涙でもないが」のところが8音節となり字余りではあるが、基本形を7775とする近世民謡調であるこの歌は、わたしの好む歌の一つである。ただ、ここでは田植え歌として紹介したが、同じ詞章でも他の地区で、臼挽き歌として聞かされたこともある。

このように7775調の歌は、いろいろな作業歌として、自在にうたわれていた。

それにしてもだれが作り出したのかも分からない伝承歌ではあるが、しみじみとした気分にさせられる内容ではある。おそらくこの歌は既に江戸時代には存在していたのではないかと思われる。

15 これの嫁じょはいつ来てみても

（木綿引き歌・浜田市三隅町吉浦）

石見地区

これの嫁じょは　いつきてみても
タスキ脱げおく暇もない

タスキ脱げおく　暇ないほどに
髪を結えとの暇が出た

嫁になるなら　兄嫁さまに
弟嫁とは座が下がる

弟嫁とは座は下がれども
かわいがられてーアー　分身

お梅機織れ　針でを習え
木こり草刈りゃ　いつもなる

木綿よいかの　肩のツギは知らの
殿ご何しょか　木をころか

伝承者　下岡モトさん・1960年（昭和35年）当時73歳
収録日・1960年（昭和35年）4月24日

筆者が収録している木綿引き歌は、石見地方のものでも、これだけが全てである。もちろん、以前はあちこちで同類は存在していたのであろうが、収録を怠っているうちに、いつの間にか消滅してしまったものと思われる。出雲地方のものとして、松江市八束町で聞いたことはあったが、伝承者が高齢化のためか、残念ながらもう節をつけてうたってはもらえなかった。

さて、今回の歌の詞章であるが、お馴染みの7775調であり、江戸時代中期以降に全盛を誇ったスタイルというわけなのである。

これらの内容を見ると、まずは嫁の境遇の厳しさがうたわれている。仕事が次々とあって、タスキを脱いで休む暇もないほど、こき使われているかつての嫁の姿が述べられている。それについて大変だと同情していると、どういう風の吹き回しであろうか、いきなり「髪を結えとの暇が出た」ということになる。

続いてわが国の家族制度にかかわる問題点が浮き彫りにされる。長子相続制度であるから、やはり嫁になるなら長男のそれがよく、弟の嫁は座が下がり身分が下であるとまずはうたう。しかし、そこから先は意外にも本音がうたわれている。つまり、「弟嫁とは座は下がれども、かわいがられて、ヤーアー、分身」というのであるから、結局は次男以下の嫁は、長男の嫁に比べれば、苦労はあまりない上に、大切にされて、やがては分家をさせてもらえるチャンスもある、というのであろう。

まさに人生をうがった見方である。しかし、実際は、分家させてもらえるだけの資産を持った家というのは、そう多くはなかったはずであるから、この歌も農民のはかない願望をうたったものだとも考えられる。

後の歌の二つともも、会話を中心とした、気楽な次男以下の嫁の姿を描写したものであろう。

このような内容の歌を眺めていると、何となくほっとするのはわたしだけなのであろうか。

16 やんさやんさで沖を漕ぐ船は（横槌歌・江津市桜江町勝地）

石見地区

やんさーナー　やんさでナー
沖ょ漕ぐ船がヨー　女郎がナーアー
招けばナー　ヤンサ　磯に寄るヨー

伝承者　稲田ナカノさん・１８９３年（明治26年）生
収録日・１９７０年（昭和45年）11月22日

磯にどま寄んなヨー　女郎はなぁ化け物ナ
ヤンサ　色狐ヨー

伝承者　山田サキさん・１８９４年（明治27年）生

あさりナー　ながらやのナー

小庭の蘇鉄ヨー　やらよナー外からナ
ヤンサミサばかりヨー　小庭の蘇鉄ヨー
やらよナー外からナ　ヤンサミサばかりヨー

伝承者　山田サキさん・1894年（明治27年）生

引き続き桜江町八戸地区の勝地集落でうかがったものので、前の麦の穂落とし歌とは違い、麦を槌でたたく作業のおりにうたわれる労作歌である。筆者が言語伝承を集め始めて六〇年以上経つが、他ではまだ聞いたことのない珍しいものである。

ところで、この歌の詞章を見ると、特に麦を槌でたたくのに直接関連する内容ではなく、船頭歌とでも称すればよいような文言が並んでいる。作業をするのに何もそれを特定するような内容ではなくとも、うたで調子を取って行えばそれでよいというわけであろうか。

さて、穂落とし歌に比べるとこの横槌歌は、囃し言葉が多い。その部分を除いてみると、次のようになる。最初の歌だけ挙げておく。

やんさやんさで………7
沖ょ漕ぐ船が………7
女郎が招けば………7
磯に寄る………5

これまでにも述べてきたように、これは江戸時代に流行りだした、近世民謡調と称している7775調スタイルである。「沖ょ」は「おきょ」と発音し、「きょ」は拗音なので一音節であり、そこで「沖ょ漕ぐ船は」

は七音節になる。

次の歌は、前の歌の内容を受けた形になっており、前の歌を前半と考えれば、後半部分に該当する。自然発生的にうたわれ、作者は特定できないものの、このように自然発生的な民謡には、きちんと二つの歌で呼応が認められる場合もあり、民衆の巧まざる技法がうかがえるのである。

なお、せっかく採集させていただいたので、もう一つの歌「あさりナー…」も挙げておいたが、残念なことには、この方は意味がはっきりしない。録音性能がよくなく、詞章の聞き取りが正確さを欠くのか、それとも伝承の過程で、元の詞章が転化してしまっているのかも知れない。

17 麦は熟れるし
（穂落とし歌・江津市桜江町八戸）

石見地区

麦は熟れたし　やたま衆（しゅ）は帰る
何を頼りに麦ぅたたく　やたま衆は帰る
何を頼りに麦ぅたたく

伝承者　稲田ナカノさん・1893年（明治26年）生
収録日・1970年（昭和45年）11月22日

船は見えても　船頭さんが見えぬ
船頭思うての八帆の蔭　船頭さんが見えぬ
船頭思うての八帆の蔭

伝承者　山田サキさん・1894年（明治27年）生
収録日・1960年（昭和35年）11月22日

長い間、県下の言語伝承を求めて来たが、「穂落とし歌」として聞いたのは、ここだ桜江町だけである。詳しくいえば、八戸地区勝地集落ということになる。1970年（昭和45年）11月のことであった。これは麦の穂を落とす作業でうたわれるものという。このときには併せて麦を叩く「横槌歌」もうかがっている。

うたってくださったお二人は、1887年（明治20年）代のお生まれの方々だったから、この世代の方にしか分からない歌だったのであろうか。ただ、このお二人はこのとき合唱で、実にスムーズにうたってくださった。各地を歩いて古老にうたってくださるようお願いしても、一人は知っていても、横の別な方は知らなくて、とても合唱などは不可能であるという場面によく出会ったが、この場合はそうではなかったのである。つまり、このことはお二人が平素この歌をうたいながら、麦の穂を落とす作業や、麦を槌で叩く仕事をなさっていたことを示しているわけで、それだけに貴重な歌だと思われる。

さて、最初の歌の詞章であるが「麦ぅたたく」は、「麦をたたく」の転化したもの。ここから眺めて横槌歌の内容としてもよいのであるが、お二人はあくまでも「穂落とし歌」としてうたわれ、メロディーも後者とは違っていた。また「やたま衆」はよく分からない。後になって気づいて方言辞典を開いてみたが、出ていない。手伝いの男衆をいったものではないかと推測するばかりである。

また、くり返してうたわれる後半の「やたま衆は帰る…」以下は返しに相当するもので、場合によっては省略されることもあるのではないかと思われる。

この歌の基本形は7775の音節を持ち、近世民謡調の字余りである。「やたま衆は帰る」が8音節になっているからである。

後の歌も同様に二度目の「船頭さんが見えぬ…」以下が返しであることはいうまでもない。ただ、詞章の内容は、特に麦の穂落とし作業だけに関わりを持っているものではなく、民謡として他の作業にも共通して使うことができる歌である。

横槌歌については、別に述べたい。

18　姑は天の雷

（田植え歌・鹿足郡吉賀町椛谷）

石見地区

姑は天の雷　小姑殿は稲妻
稲妻　小姑殿は稲妻
ゴロゴロと光り鳴るなら
いかなる嫁もたまるまい

伝承者　矢田フユさん・１８９２年（明治25年）生
収録日・１９６２年（昭和37年）９月21日

石見西部に属する柿木村（現在の吉賀町）には、古いスタイルの田植え歌が残されていた。古代調といわれる音節数５７７４の、この田植え歌がそうである。以下で確認願いたい。

姑は……………………５
天の雷………………７
小姑殿は……………７
稲妻…………………４
（続いて「返し」になる）
稲妻　小姑殿は稲妻
（以下、後半部分となる）
ゴロゴロと…………５
光り鳴るなら………７
いかなる嫁も………７
たまるまい…………５

メロディーもうら寂しくそこはかとなき雰囲気を

持っているが、詞章の意味を考えると、これはまたすさまじい内容である。つまり、嫁入り婚に見られる嫁と姑の確執をうたっているのである。

　田植えをしながら、まるで当てこするように、この歌を口ずさんでいた嫁の気持ちを考えると、何ともいえない感じがする。古代調の字余りに属する同じうたい手の歌も嫁と姑の機微をうたっている。返しの部分を省力して紹介しておこう。

五月の蓑と笠とは　おしゅうの恩とは思わぬ

「五月」というのは、旧暦の五月、つまり皐月(さつき)であり、田植え月を意味している。五月雨の中、身体をぬらさないための蓑と笠は、姑にもらったものではないと言うのである。実家からもらったものだとでも言いたいのだろうか。嫁のささやかな反発が聞こえてきそうである。

　一方、恋愛中の忍んでくる男性を気遣った娘が、飼い犬に吠えないよう言うところをうたった歌もある。うたい手は以下みな同じ矢田さんである。

来い　コグロ　小糠食わしょう
夜来る殿を吠えるな

「コグロ」というのが犬の名前だろう。古代調では、次のようなのどかなものもある。

このマチは　いかい大マチ
今日このマチで　日が暮りょう

「マチ」は田んぼのこと。「いかい」は「大きい」意の石見方言。

日が暮れりゃ　戸たてまわして
朝田の殿と　寝ていのう

　これについては、特に説明する必要もあるまい。いかにものびやかなかつての農村の一風景とでもいうべきだろうか。

19

酒はよい酒酌取りゃ馴染みよ

（桶洗い歌・浜田市三隅町岡見）

石見地区

ヤレ酒はよい酒　ヤレ　酌取りゃ馴染(なじゅ)みよ
ヤレ飲まぬうちから　ノーオー
ヤレ酔いが出るヨー

伝承者　寺戸歳雄さん・1960年（昭和35年）当時54歳
収録日・1960年（昭和35年）3月27日

前回の出雲杜氏の歌に引き続き、今回のは石見杜氏の歌である。まず桶を洗うおりにうたわれていた「桶洗い歌」から紹介する。

酒造りはなにしろ寒い冬の間の作業なので、その作業は辛かった模様で「もとすり歌」には、その厳しさをうたったものが多いが、この「桶洗い歌」では、なぜかそのような詞章は聞かなかった。以下、寺戸さんからうかがった同類の詞章を囃し言葉を除いて上げておく。

わたしゃ一粒　流れちゃいやじゃ
共に入りたや桶の中

親の意見と茄子の花は
千に一つも仇もない

千里飛ぶよな　虎の子がほしや
便り聞いたり　聞かせたり

暑い寒いの言付けよりも
金の千両も　送りゃよい

こうして眺めてみると、「わたしゃ一粒…」の詞章は、まさに杜氏歌としてふさわしいが、次の「親の意見と…」以下は、必ずしも杜氏歌独特の内容ではない。他の労作歌としてうたわれていることも多い。つまり、これはどの場合でも融通の利く転用歌なのである。7775のスタイルを持つ近世民謡調として、これらの詞章は、いろいろな作業歌でうたわれていたのである。

ところで、寺戸さんからは、杜氏歌である「もとすり歌」もうかがっているので、この機会にその詞章を上げておく。この方は朝の勤めの辛さもうたわれており、前回の出雲杜氏歌に通ずるものがある。

アラ酒屋　酒屋とヨー　好んでも来たが
アラ勤めかねます　ノーオー　この冬は
（以下、囃し言葉省略）

酒屋杜氏さんと　ねんごろすれば
蔵の窓から粕くれる

宵にゃもとする　夜中にゃ甑
朝の洗い場が辛うござる

朝の洗い場は　辛うはないが
一人丸寝が辛うござる

酒屋もとすりゃ　もとが気にかかる
帰りゃ妻子が泣きかかる

このように「もとすり歌」の方では、寒さの中で厳しい仕事のさまや、気になる家族のことがそれとなくうたい込まれているのである。

20　庭で餅搗く
（餅搗き歌・鹿足郡津和野町吹野）

石見地区

庭で餅搗く　表でちぎる
ヤンサエ　ヤンサエ

奥の間四畳半じゃ　餅並べ
ヤンサエ　ヤンサエ　ヤンサエ

伝承者　松浦マスさん・１９６２年（昭和37年）当時50歳
収録日・１９６２年（昭和37年）８月13日

祝い用に搗く餅であるが、歌をうたいつつ搗かれる場合もあった。そこでは縁起を担いでよい言葉を散りばめた内容になっている。島根県内で餅搗き歌としてうたわれているのは、大田市から西の地方に限られているようで、出雲地方や隠岐地方では聞かれない模様である。また、正式には餅搗きのさいには、搗き方の男性や臼取り方の女性にしても、前年に家庭で不幸がなく、両親そっている男女が担当することになっていたのである。

さて、ここに紹介した詞章は、言うまでもなく裕福さを示すまことにめでたい内容である。途中「ヤンサエ」というのは囃し詞であるので、それを除いて音節数を見れば、７７７５となり、いわゆる近世民謡調といわれる形式であることが分かる。同類を少し挙げておこう。

旦那大黒　おかみさんは恵比寿
一人ある子は福の神

伝承者　浜田市三隅町森溝　金谷ナツさん・１９６０年（昭和35年）当時72歳

餅を搗きゃるなら
一石二斗どま搗きゃれ

ヤレ二斗や三斗は　ヤンサ　だれも搗く

伝承者　浜田市三隅町森溝　岩田イセさん・1886年（明治19年）生

まことに景気の良い詞章である。

ところで、東の大田市では節は違うが、やはり縁起の良い詞章がうたわれていた。

これの主人のナア　祝え年（祝い年）
恵比寿ヨイ　大黒さんの舞い遊び
ヘイヤダ　ヘイヤダ

伝承者　大田市川合町吉永　酒本安吉さん・1961年（昭和36年）当時87歳

大漁の神である恵比寿神や豊作を司る大黒神が舞い遊ぶというのであるから、実に縁起の良い歌であろう。

また、次の歌は直接には縁起の良い内容というのではないが、ストレートに餅を搗く目的をうたっている。

今年ゃ旦那の祝い年　旦那祝いの餅を搗く

伝承者　大田市川合町　改田ヒサさん・1961年（昭和36年）当時82歳

中には餅の搗き方をうたっている詞章もある。

搗かば搗け搗け中を搗け　ヤ
真ん中をヨイ　搗かねば餅ゃならぬ

伝承者　大田市三瓶町小屋原　大谷ハツノさん・1961年（昭和36年）当時70歳

21　木挽き女房にゃなるなよ妹

（木挽き歌・江津市桜江町谷住郷）

石見地区

木挽き女房にゃなるなよ妹
木挽きゃ息を引く　はよ死ぬる

伝承者　今谷太郎一さん・1960年（昭和35年）当時62歳
収録日・1960年（昭和35年）8月16日

中国山地の山林には、成長した樹木を伐採し、板にする作業を生業（なりわい）とする人たちが多かった。その人々を「木挽き」というが、昔はノコギリ一本で作業をしていた。もっともそのノコギリにも、いろいろな種類があったが、ともかく現在のように電動のチェンソーがあったわけではなく、手作業で木を伐ったのであった。その作業は単調ではあり、人々のいない深山で行われるのが多かった。したがって、木挽き仕事でうたわれた歌にも、今回紹介したように、自然、そのような辛い状況をうたったものもあった。これはたまたま桜江町で聞いたが、島根県下各地でこの詞章はうたわれ、数多い木挽き歌の中でももっとも知られたものである。類歌として次の歌がある。鹿足郡津和野町木部のもの。

妹行くなよ木挽きさんの女房にゃ
木挽きゃ息を引く　はよ死ぬる

伝承者　松浦マスさん・1962年（昭和37年）当時70歳

隠岐郡隠岐の島町中村でも次のようになっていた。

木挽き女房にゃなるなよ妹
木挽きゃ身をめぐ　はや死ぬる

伝承者　三浦シゲさん・1897年（明治30年）生

同工異曲であろう。さらに厳しい詞章を眺めておこう。

木挽き木挽きと　名は高けれど
松の根切りで　おにょほえる

伝承者　大田市大代町大家　山崎敬介さん・1961年（昭和36年）当時64歳

木挽き木挽きと　大飯をくろて
松の根切りでよろぼえる

伝承者　大田市川合町吉永　酒本安吉さん・1961年（昭和36年）当時87歳

木挽きさんたちゃ　一升飯ょ食ぅて
松の元木で泣いたげな

伝承者　吉賀町下須　川本一三さん・1911年（明治44年）生

この吉賀町下須の歌は、その前の大田市のものと内容的にはほとんど同じものであろう。ところで、吉賀町の歌については、それに呼応する内容を持った次の歌も準備されていた。うたい手は同じ川本さんである。

松の元木で　泣いたなぁ嘘よ
親の死に目にゃ　二度泣いた

言外に木挽き仕事の厳しさがしのばれる。

22 餅を搗くなら（餅つき歌・浜田市三隅町森溝）

石見地区

餅を搗くなら　一石どま搗きゃれ
二斗や三斗はだれもつく

伝承者　金谷ナツさん・1888年（明治21年生）当時72歳
収録日・1960年（昭和35年）10月3日

正月餅など縁起のよい餅を搗くときには、石見地方では、このような餅つき歌がうたわれていた。

このほかにも次のような詞章も見られたのである。いずれも縁起のよい内容をうたったものばかりである。

庭じゃ餅をつく　表（おもて）じゃちぎる
奥の四畳の間じゃ金量る

旦那大黒　お内儀さんは恵比寿
一人ある子は福の神

筆者はこの労作歌をうかがったときは、当時の那賀郡三隅町立三隅中学校（現在は浜田市立三隅中学校）に勤めており、言語伝承を採録し始めたところであった。歌い手の金谷ナツさんは美声の持ち主で、筆者の求めに応じて、おしげもなく録音させてくださったものである。今思い出しても懐かしい限りである。

23　天下泰平国家安全

（田植え歌・邑智郡邑南町阿須那）

石見地区

天下泰平国家安全　五穀成就の苗をば
それを取りて　押し分けて　植えてたもれかせの
なんと若苗　稲鶴姫に

酒は来るヤレ　肴はなくして　宍道茶を
宍道茶の葉をば　酢和えにゃ和えて　御肴
酒の肴にゃ　コノシロ焼いて
思うともヤーレ　色には出すなよ　杜若（かきつばた）
思わぬふりで　恋をする

思いかけたよ　小池の花に
安珍清姫は　日高川にこそに
日高川を渡るとて　船頭仰天したとな
何と清姫大蛇となりて
波を押し分け　角ふりあげて

伝承者　斎藤秀夫さん・1960年（昭和35年）当時47歳
収録日・1960年（昭和35年）8月15日

広い面積の田を植えるときにうたわれたものである。そしてこれらは、わたしがこのような伝承文学を研究し始めたころ、邑智郡川本町に宿を取って、夏の一日を邑南町（旧・羽須美村阿須那）に出かけたおりに、偶然斎藤秀夫さん宅にお邪魔して教えていただいた。このとき実際はまだまだ多くの歌を、斎藤さんからうたっていただいている。

それはそれとして、ここに挙げた詞章だけでも、田植え歌の内容が多彩であることがお分かりいただけると思う。

初めの詞章は、いかにも厳かに稲の苗に祈りをこめて「天下泰平国家安全…」と五穀成就を祈願している。そしてその稲の苗は稲鶴姫に奉納したものとしているのである。稲鶴姫というのは、田の神の姫君の名をいうのであろうか。

続いて昼食のメニューが披露され、次いで「思わぬふりで」からは、恋についての心構えを説いている。そして詞章は一転、紀州（和歌山県）で名高い、「安珍清姫」の伝説になる。

紙数の関係でこれ以上の内容を紹介できないのは残念であるが、田植え歌は、更に源平合戦のエピソードをうたったり、田の神サンバイの誕生を説いたり、あるいは親しくなった早乙女への慕情を述べたりなど、延々と続いて退屈しない。

けれども、現在の田植えは、以前のように大勢の早乙女が田に入り、一斉に植えたのとは違い、機械を使ってあっという間に植え終えてしまい、このような田植え歌もうたわれる機会を失ってしまっているのである。

24 浜田の橋の下見れば

（苗取り歌・邑智郡川本町川下三島）

浜田の橋の下見れば　ハア　コイかや
フナかや　ハエの子か

サンバイさんの来なるやら
ソラ　藁を担うて　背戸履き　門履き
ソラ　藁を担うて

のう箸藁を手にゃ持ちて　沖の三斗田にな
アー　どのマチへぃ降りよかと
背戸の三斗田にな

ア　苗代の隅々（すまずま）に　小麦こぼいたげな
ア　げに　こぼいたげんなよ　ゆりやこぼいたげな

ア　苗代のす周りに　立つ木はなんの木
ア　楠にバンの木に　五葉の松の木やれ

伝承者　尼子マツさん・1960年（昭和35年）当時84歳・他
収録日・1960年（昭和35年）8月1日

　苗取り歌である。夏休みを利用して、川本町辺りを録音機を持って歩いていたおり、ふと入ったお宅にいたお二人から教えていただいた。昭和35年のことで、半世紀以上も前になってしまった。

田の神サンバイさんについての詞章は、「三十三ある」と話されたことも頭に残っている。

　お二人は、これらの苗取り歌を興のおもむくままにうたってくださったものであり、歌の順番にも特に考えてはおられなかった模様である。しかしながら、田を植えることは、昔の農民にとって、非常に神聖なものであったと考えられるから、歌のそれぞれにも、意味深長なものがこめられている。初めの詞章は、コイとかフナ、あるいはハエという魚が、浜田地区の橋の下を泳いでいる景色をうたっているが、案外、これも田の神サンバイさまに供える神饌物としての魚を描写しているのかも知れない。

　次の詞章は、いうまでもなくサンバイさまが、農業の神の姿をして来臨するところであろう。稲を刈り取れば、その枝葉は乾燥した後、藁になる。それを担ってくるというのであるから、これは豊作を擬したものではなかろうか。

　三番目の歌も似ている「のう箸藁」と「のう」を平仮名書きにしたが、これは「農」という漢字を当ててもよいように思われる。これはサンバイさまが、稲藁を持って、聖なる数の「三」を踏まえた三斗田に降臨されるさまを描写していると思われる。
最後の歌は、小麦をこぼしたところをうたっている。これについてはちょっと意味が分からない。田植えのための苗取り歌でありながら、どうして小麦が出てくるのであろうか。稲と麦の間に、特別信仰的な意味が隠されているのかも知れないが、それについては残念ながら不明なのである。

25　サンバイの生まれはいずこ

（田植え歌・大田市大代町大家）

石見地区

サゲ　サンバイの　ヤーレ　生まれはいずこ
　　　陸奥の国
早乙女　陸奥の国
　　　ヤーレ　日原だちの
　　　笹の本

伝承者　山崎敬太さん・1961年（昭和36年）当時54歳
収録日・1961年（昭和36年）8月28日

広い田を大勢で田植えをするおり、作業をはかどらせるため、サゲと称する音頭取りの音頭で、歌をうたいかけると、植え手の早乙女たちが一斉に後の詞章を続ける輪唱形式の形で、田植えが進められる。その田植えの始めにうたわれるのがここに紹介したサンバイ降ろしの歌である。これは田の神であるサンバイの由

来が細かくうたわれている。ここにあげたのが、それであるが、紙数の関係で以下、続きを詞章だけ挙げておく。

(サゲ)サンバイの　生まれはいずこ　陸奥の国
(早乙女)陸奥の国　日原だちの笹の本
(サゲ)サンバイの　おん父君はどなたやら
(早乙女)どなたやら　唐天竺の須佐の神
(サゲ)サンバイの　おん母君はどなたやら
(早乙女)どなたやら　唐天竺の竹田姫
(サゲ)サンバイの　今胎内に腹ごもり
(早乙女)腹ごもり
　　十月が増すりゃ　生まれくる
(サゲ)サンバイの　取り上げ乳母は
　　どなたやら
(早乙女)どなたやら
　　大和の奥の千代の母
(サゲ)サンバイの　産湯の盥何盥
(早乙女)何盥　白銀盥に金柄杓
(サゲ)サンバイの　産湯の清水どこ清水
(早乙女)どこ清水　岩戸のそらの岩清水
(サゲ)サンバイの生まれの絹は美しや
(早乙女)美しや　美し絹は花で染め
(サゲ)サンバイの　ちづけの乳母はどなたやら
(早乙女)どなたやら　御殿の裏の姫后
(サゲ)サンバイの　生れの小袖何小袖
(早乙女)何小袖　白無垢小袖七重ね
(サゲ)サンバイの　今こそ神名は　もらわれる
(早乙女)もらわれる　ひるごの宮にと　移られる
(サゲ)サンバイに　駒が飛来する何駒か
(早乙女)何駒か　ぜんぜん葦毛に黒の駒
(サゲ)サンバイの　今こそござる宮の上
(早乙女)宮の上　葦毛の駒に　手綱ゆりかけ
(サゲ)手綱ゆりかけ　速いが駒
(早乙女)ヘーイ　ヘーイ
　　ヘイヤーレ　ターマレ　速いが駒

田の神サンバイをたたえ、豊作を願う農民の気持ちをこめた壮大なスケールの歌であろう。

26 麦搗いて手見る女子は

（麦搗き歌・益田市美都町二川）

石見地区

麦搗いて手見る下女（おなご）は
一代親の留守もり
留守もり　ヤーレ　一代親の留守もり
麦搗けば　手痛　肩痛　夏機織れば　腰痛や
腰痛　ヤーレ　夏機織れば　腰痛や

伝承者　金崎タケさん・1961年（昭和36年）当時66歳
収録日・1961年（昭和36年）8月21日

音節が5774と古代調に属しているこの麦搗き歌は、何ともいえないわびしさを感じるメロディーであり、詞章もまたもの悲しいものが多いようである。

最初の「麦搗いて手見る女子は、一代親の留守もり」の意味を考えてみよう。

まず「麦搗いて手見る女子は」は、「厳しい麦搗きの仕事で、つい手が痛くなって、肉刺（まめ）でもできていないだろうかと眺める雇われ女は」というところだろうか。それであるならば、次の「一代親の留守もり」というのは、いったいどういうことになるのだろう。文字通りに解釈すれば、「一生涯、わが親の留守を守り、家から出て行くことを認められない境遇に運命づけられる者（だから麦搗きが辛いからと、つい気を緩めて手を眺めたりするものではないぞ）」ということになる。これには後半部分が表面には出ていないものの、そのような戒めが省略されているのではあるまいか。

次の歌も同様に解釈すれば、やはり労働の辛さを歎いていることが分かる。「麦搗けば手痛、肩痛」までは、麦搗きの厳しさから、それを続けていると手や肩が痛くなることを訴えているが、後半部分の「夏機織れば腰痛や」では、一転、場面が麦搗きの辛さから、機織りの厳しさに変わっている。通して見れば、麦を搗けば手や肩が痛くなるし、引き続いて夏に機を織れば、今度は腰が痛くなる。何にしても毎日の労働は、厳しいものだなぁという、農山村の女性の毎日を歎いているのである。

大庭良美氏の『水まさ雲』の中に鹿足郡日原町の次の麦搗き歌がある。

山中へ娘やりたや　もて来る土産（つと）は煮もめら
煮もめらもぢようにや　もて来ぬ
葛の葉にこそ包んで

「煮もめら」は、モメラ（曼珠沙華の咲く花）の根の球を餅に搗いたものをいうと注にある。また「ぢように」は、現代仮名づかいでは「じょうに」であって、これは「たくさんに」の意味を持つ石見方言である。

そこはかとなきユーモアを醸してはいる歌ではあるが、その底を流れるものは山村の貧しい家に見られる生活の厳しさなのである。決して「山中へ娘やりたや」ではないが、そうせざるを得ない悲劇を自嘲的にうたっているのである。

27 麦搗きの声が枯れたぞ

（麦搗き歌・益田市美都町二川）

石見地区

麦搗きの声が枯れたぞ
歌えや野辺（のめ）のウグユス
ウグユス　ヤーレ
歌えや野辺（のめ）の　ウグユス

伝承者　金崎タケさん・1961年（昭和36年）当時66歳
収録日・1961年（昭和36年）8月21日

この歌をうかがった当時、島根県文化財専門委員だった牛尾三千夫氏、国立音楽大学教授の内田るり子氏、早稲田大学大学院生の山路興造氏と一緒に石見地方を回っていたおり、偶然立ち寄った家で、歌の上手な金崎さんを紹介していただき、うたっていただいた中に、この珍しい麦搗き歌があった。

牛尾氏の話でこの歌は、苗取り歌としてうたわれているが、本来は麦搗き歌だったと思われる、とのことだった。

そして、金崎さんは、この歌を「麦搗き歌」と呼んでいると明確に話しておられたことが頭に残っている。実際は麦搗きの作業では、もううたわれなくなってしまったものの、現在では苗取り歌に転用され、名称だけは以前の「麦搗き歌」のままに残されていたようである。

ところで、この歌はそのスタイルから古代調に属している。少し分析してみよう。

音節を調べると、次のようになる。

麦搗きの…………5
声が枯れたぞ………7
歌えや野辺の………7
ウグユス…………4

実際にうたわれる場合、この後に「ウグユス、ヤーレ、歌えや野辺の、ウグユス」と続く。これは「返し」といわれる部分であり、作業の都合で、このような形でくり返されるが、特に音節数には加えない。

詞章であるが、録音テープを聴いてみると、「歌えや野辺のウグユス」の「野辺」について「のめ」のルビをふっておいた。正確に文字化すれば、ここは「歌えや飲めのウグユス」とすべきであろう。この詞章の前後を無視して、宴席の様子を想像すると「歌えや飲め」のフレーズは似合う。けれども、これは伝承による転訛なのである。というのも、前半部分の詞章を考えれば、それはすぐに分かる。すなわち「麦搗きの声が枯れたぞ」と出だせば、麦搗き作業が続き、この作業歌をうたうのにすっかり声が枯れてしまったし、疲れたので代わってうたってほしいという歌い手の気持ちが、その背後にあり、それがうたうことが得意なウグユス（鶯）に対し、「歌えや野辺のウグユス」と、歌い手の交代を呼びかけているのである。いかにも山村らしい風景が目に浮かんできそうである。

ただ、この麦搗き歌には、のどかなものだけではないのもある。

28 ござるたんびに牡丹餅ゃ向かぬ

（臼挽き歌・鹿足郡吉賀町下須）

石見地区

ござるたんびに　牡丹餅ゃ向かぬ
ナスビ漬食うて　お茶まいれ

伝承者　川本一三さん・1910年（明治43年）生
収録日・1964年（昭和39年）9月21日

これまで浜田市三隅町の臼挽き歌をかなり紹介したが、今回の舞台、鹿足郡吉賀町は、距離的にも三隅町とはかなり離れ、メロディーも違っている。

歌の詞章であるが、これは親しい間柄で、何の気だてもなく交わされる会話そのままである。伝承者の川本さんは、下須地区にお住まいだった。ところが、わたしは同町の椛谷地区で、同じ仲間に属する次の歌を聞いている。

ござるたんびに　牡丹餅ゃならぬ
瓜の奈良漬　お茶あがれ

伝承者　大田サダさん・1897年（明治30年）生

この大田さんとは、とても親しかった。当時、柿木中学校に勤めていたわたしだったが、毎週のように大田さんのお宅を訪問し、村の民俗について教えてもらっていた。

この歌は1963年（昭和38年）9月28日にうかがったが、これには忘れられない思い出がある。歌が終わって出されたお茶に添えてお茶請けがあったが、なぜかそれに白布がかけてある。取りのけてみれば、歌の詞章のように瓜の奈良漬が載せられているではないか。つまり大田さんは、歌とお茶口を掛けてうたわれたのであった。一本取られたわたしは、茶目っ気で次の即興歌を作ってうたった。

訪ね来るたび　菓子出されては
やはり気兼ねで　食べにくい

すると大田さんも笑いながら、即興歌を返された。

遠慮なされば　わたしも遠慮
ざっくばらん　食べしゃんせ

このことが機縁になって大田さんとわたしの間には、歌問答がこれから延々と続いた。例えば、あるとき生徒が職員室へ「大田さんからです」と紙切れを届けてくれ、開いてみると、次の歌が書かれていた。

暇がなければ　ござりはせぬと
承知しながら　待つ長さ

わたしは「これを大田さんに」と、すぐに次のものを書いて、生徒に渡した。

行こと思えど　仕事はせわし
心そちらに　身はこちに

それはわたしが転勤で柿木村を離れても、ずっと続いたのである。

29 臼が嫌さに　素麺屋を出たら

（臼挽き歌・浜田市三隅町吉浦）

石見地区

臼が嫌さに　素麺屋を出たら
生まれはいかの　饅頭屋に

饅頭屋にこそ　よい嫁娘
どれが嫁やら娘やら

嫁と娘は　一目見りゃ知れる
娘ゃ白歯で　髪ぁ島田

伝承者　下岡モトさん・1960年（昭和35年）当時73歳
収録日・1960年（昭和35年）4月24日

同じ臼挽き歌ではあるが、それぞれ単独でうたうのではなく、三つを続けることによって雰囲気が出るようになっている。つまり、この歌の内容は連続することで、ちょっとした物語になっているのである。

そして物語の主人公は、若い男性であろう。初め奉公に素麺屋に住み込んだものの、夜なべ作業に臼挽きをさせられるが、その辛さに耐えきれず、そこを辞めて饅頭屋に勤めることにした。

ところで、今度は仕事の中身については全く触れられず、そこにいる美しい二人の女性のことに話題が転換している。

いたって女性に目のない男性の性(さが)とでもいえばよいのであろうか。そして今度はその女性であるが、昔は歯を染めるか否かや髪かたちで、未婚者と既婚者では違っていたから、三番ではその違いの説明になっている。

まず、「娘白歯で」の詞章である。未婚の女性の歯は、そのままであったので「白歯」と述べているが、既婚者は鉄漿(おはぐろ)と称して、歯を黒く染めていた。したがってそのような女性は、既婚者であることを示している。歌では「鉄漿」の語句はないが、「娘白歯で」の後、本来ならば「嫁は鉄漿をつけている」を意味するの語句があるべきである。それを省略した形を取り、次いで「髪ぁ島田」と娘の髪型に移っている。「島田」が「島田髷(まげ)」の略したことばであり、「文金高島田」とか「高島田」というのも島田髷のレパートリーのひとつである。

一方、嫁の方は「丸髷」という髪の形に結っていた。したがって、歌では「髪ぁ島田」の後に「嫁は丸髷である」という語句が省略されている。

この歌は、若い男性の目を通して、昔の女性の既婚者と未婚者の習俗の違いをそれとなく説明している。

何気ない作業歌ではあるが、その背後に隠された時代を読み取ることによって、わたしたちは昔の習俗を理解することができるのである。

そうして考えれば、考古学的な遺跡と同様、現在は廃れてしまったものの、以前の作業歌やわらべ歌の詞章の中には、かつての習俗がびっしり閉じ込められており、これらの無形民俗文化財である民謡もまた、考古学の遺跡同様大切にしなければならないものなのである。

30

臼を挽け挽け 団子して食わしょ

（臼挽き歌・浜田市三隅町河内）

石見地区

臼を挽け挽け　団子して食わしょ
挽かにゃ冷飯　また茶づけ

伝承者　浜田市三隅町森溝　金谷ナツさん・１９６０年（昭和35年）当時72歳
収録日・１９６０年（昭和35年）10月３日

この歌は日常の食事をうたったものである。団子とか冷飯の詞章には、多少説明を要する。

というのも、昔の団子や冷飯の位置づけは、現在、わたしたちが考えるのとはかなり違っている。大正初年当時の島根県下の食事内容を眺めると、例えば朝食は石見地方中央や隠岐島前あたりは、かなり諸が多く、続いて茶粥が点在していた。それ以外では麦飯のようだったが、それも米よりも麦の混入割合の方が高かったというような状況であり、茶粥は番茶の中に、麦や藷、あるいは野菜を切り刻んで入れたり、中には山に生えている野生のリョウボを湯がいて入れたリョウボ飯なるものもあった。

浜田市三隅町の歌は、麦飯や茶粥よりは、まだ味噌汁に入れて作られる団子汁の方が、ましという価値判断が働いている。

ところで、臼挽きとは似ているようで違うのに石臼挽きがある。これにももちろん作業歌があった。それ

いししごいごい　バボ焼いて食わしょや
中に味噌入れて　こがこがと

伝承者　余村トヨさん・1961年（昭和36年）当時76歳

「いしし」は石臼のこと。「ごいごい」というのは、石臼を挽いたときに発する音を形容した語句である。また、「バボ」は餅のこと。石臼を挽いて出来上がったら、味噌入りの餅を焼いて食べさせようというのである。

の説明の前に、石臼挽きと臼挽きの違いについて説明しておく。まず石臼挽きであるが、それは一人で座って石臼を挽く。ところが、臼挽きは上から綱をつけ、臼のそれを横木の両端にむすび、横木の真ん中に別な棒が縦に臼までつながっている。挽くのは三人であり、真ん中の臼に近いところを担当するのを頭挽きと称して、ちょっとしたテクニックを要したようである。

さて、石臼挽き歌に話題を返そう。いずれも昔の庶民の食事をうたっている。仁多郡奥出雲町上阿井で聞いたものでは、団子汁の内容をうたっていた。「いしし」は石臼のことを指す。

いしし挽け挽け　団子して食わしょぞ
諸に蕪菜を切り混ぜて

伝承者　荒木トミさん・1964年（昭和39年）当時83歳

これは積極的に団子汁の食事を待っている子どもにでも、語りかけているように聞こえる。

同じ石臼挽きの歌でも、島根半島の日本海側にある松江市島根町野波では、次の詞章があった。

1　明けてめでたい元日の朝は

（相撲取り節・隠岐郡隠岐の島町＝旧・五箇村山田）

隠岐地区

ハアー　明けてめでたい　元日の朝はョー
若水迎えに出たときに　橋の欄干に腰を掛け
はるか川上眺むれば　白いカモメが三つ連れで
また三つ連れで　六つ連れで　翼帆（はがえ）にして身を船に
大判小判をうわえ寄しぇ　これが館（やかた）へ舞い込んで
これのおん家の御床（おんとこ）の　床の欄間に巣をかける
十二の卵を産みそろえ　それが一度に目を開けて
この家は御繁盛と　コラヤノヤーイ
歌（おた）て発つヨー

（注）節をつけずに詞章だけをうかがったら、ここの部分は「この家は御繁盛と末繁盛」と話された。

伝承者　勝部タケさん・1898年（明治31年）生
収録日・1985年（昭和60年）8月20日

この相撲取り節をうかがったのは島根県民謡調査のおりであった。歌い手の勝部タケさんからは、この他にも草取り歌、田植え歌、七夕の歌、盆踊り歌をうかがった。実に多くの歌をご存知の方だった。

この相撲取り歌の詞章を眺めると、若水迎えに出たところ、縁起のよい白いカモメが聖数である三羽連れだって飛んで来て、しかもそれぞれ大判や小判をくわえており、そのカモメたちが家の中へ舞い込んで、床の間に巣をかけ、十二の卵を産むという風景である。十二という数は十二ヶ月、つまり一年を象徴しており、この家では一年間、無事息災を約束されているのである。実に目出度い内容となっている。
相撲取り節は、このように縁起のよい詞章で作られているのである。

2　石の地蔵さんにカラスがとまる
（盆踊り歌・隠岐郡隠岐の島町＝旧・布施村布施）

隠岐地区

仏はどれかと次々に尋ねていけば、結局、仏こそが仏であるという結論に達するという愉快な数え歌式盆踊り歌である。実はこの歌は同様な趣向を持ったわらべ歌が、大阪にあるところから、子どものわらべ歌と大人の盆踊りの交流が見られるという点も注目される。
ここでは前口上を省いて本口上の部分だけを述べておきたい。

石の地蔵さんに　カラスがとまる
カラスとまるから　カラスこそ仏
カラス仏なら　なぜ弓矢に恐る
弓矢に恐るから　弓矢こそ仏
弓矢が仏なら　なぜ岩に立たぬ
岩に立たぬから　岩こそ仏
岩が仏なら　なぜツタに巻かる
ツタに巻かるから　ツタこそ仏
ツタが仏なら　なぜ刃物に切らる
刃物に切らるから　刃物こそ仏

刃物が仏なら　なぜ水を伐らぬ
水を伐らぬから　水こそ仏
水が仏なら　なぜ人に飲まる
人に飲まるから　人こそ仏
人が仏なら　なぜ仏拝む
仏拝むから仏こそ仏

伝承者　隠岐の島町布施　益崎勝吉さん・１９３２年（昭和７年）生
収録日・１９８５年（昭和60年）８月９日

まるで尻取り遊びをしているような形で、歌は次々と発展して行く。新しく強者が登場し、それに仏の座を譲って行くが、最後には無難な結論に達する。

ここで述べておきたいことは、最初記しておいたように、隠岐の島町布施ではこのように盆踊り歌としてうたわれているけれど、実はこの歌は、大阪府泉南郡岬町淡輪で採集されている尻取り歌につながっている。ちょっと眺めてみよう。

橋の下の六地蔵
ねずみがちょっと　かんじゃった
ねずみこそ地蔵さんや
ねずみこそ地蔵なら　なんで猫に捕られた
猫こそ地蔵さんや
猫こそ地蔵なら　なんで犬に捕られた
犬こそ地蔵さんや
犬こそ地蔵なら　なんで狼に捕られた
狼こそ地蔵さんや
狼こそ地蔵なら　なんで火ィに焼かれた
火ィこそ地蔵さんや
火ィこそ地蔵なら　なんで水に消された
水こそ地蔵さんや
水こそ地蔵なら　なんで人に飲まれた
人こそ地蔵さんや
人こそ地蔵なら　なんで地蔵拝んだ
ほんまの地蔵は六地蔵
『大阪のわらべ歌』（日本わらべ歌全集・第六巻・柳原書店）

両者は決して無縁ではないのである。

3　ままよ　ままよで

（神楽歌・隠岐郡隠岐の島町＝旧・五箇村代）

隠岐地区

ままよ　ままよで　なしぇ　ままならぬ
ままになる身が　持たせ　たい
ヤレシェイヨーホイ
アー　ドッコイショ　ドッコイショ

代（しろ）の大夫衆（たゆうしょ）　神楽　ヤレ　して見しゃれ
神楽見にこそ　わしゃ　ヤレ
シェイヨーホー　来たれ

伝承者　村上重男さん・１９０９年（明治42年）生
収録日・１９８５年（昭和60年）８月10日

島根県の民謡調査の依頼を受けて、うかがった神楽歌である。

ここ島後地区では、神楽がとても盛んなようであり、神楽を見物に来た人たちも、神楽の舞手の人々に、この歌をうたいかけて、会場を盛り上げていたのである。同じ歌を旧・西郷町東郷（現・隠岐の島町）では「神楽しぇぎ歌」と呼んでおり、歌の詞章は同じであった。

遊び言葉を省いて音節数を確認しておく。

ままよままよで……7
なしぇままならぬ……7
ままになるみが………7
もたせたい……………5

しろのたゆうしょ……7
かぐらしてみしゃれ…7
かぐらみにこそ………7
わしゃきたれ…………5

このようお馴染みの、7775なる近世民謡調なのである。そして一連では、なぜか生活の厳しさをうたっている。しかし、二連では一転して、娯楽でもある神楽見物に心を高まらせているのである。

旧・五箇村では神楽のほか、よく歌われるものとして相撲取り節、隠岐民謡を代表する「どっさり」、あるいは「追い分け」、座興歌としての「松前殿さん」とか「与作」があり、作業歌としては「田植え歌」「木挽き歌」を聞くことができた。せっかくなので、島前地区でもよく聞いた「与作」を挙げておこう。同じ村上重男氏からうかがった。

橋の欄干に　腰うちかけて
月星眺めて　殿御を待ちる
先に見ゆるは与作さん
お駒じゃないかと　まあ　よしよし

次に同氏からの祝い歌で酒席歌われる「松前殿さん」。

松前殿さん　松前殿さんは
ニシン（鰊）のお茶漬け

かなり長い囃し言葉が前後するので省略したが、なかなか洒落ていて、元気あふれる歌なのである。

4 道端のタケノコと
（田植え歌・隠岐郡隠岐の島町＝旧・都万村油井）

隠岐地区

アー道端のタケノコと　人の小娘はヨ
惜しんでも惜しまれぬ　人の小娘はヨ
アーとんとんトンギリスが　何を持って来たぞや
唐升（とうます）にとかけて　俵持って来たぞや

伝承者　藤田シナさん・1908年（明治41年）生
収録日・1985年（昭和60年）8月23日

島根県の民謡調査の依頼を受けて、うかがった田植え歌である。

音頭取りが初めをうたいだすと後半部「惜しんでも……」「唐升に……」からは、他の早乙女たちがつけてうたう。また短いこの歌を何度も繰り返しながら続けるとされている。

遊び言葉を省き、音節数をみておこう。

みちばたのこむすめと…10
ひとのこむすめは………8
おしんでもおしまれぬ…10
ひとのこむすめは………8

とんとんとんぎりすは…10
なにをもってきたぞや…9
とますにとかけて………8
たわらもってきたぞや…8

ここでも7775の近世民謡調や57774の古代調とも違ったスタイルである。離島に残るこのような10 8 10 8調も、案外、新たに見つかった古代調と言えるのかもしれない。

なお、ここ油井は平成の大合併以前は、都万村であった。昭和52年夏、隠岐島前高校郷土部は四泊五日で。都万村の口承文芸調査を行い、村の多くの方々に協力願って民話やわらべ歌、民謡を収録し、『都万村の民話』（隠岐島の伝承8）としてA5・252ページで出版したものである。
せっかくなので同書から昭和52年7月30日に藤田リツさん（明治30年生）と岡田テイさん（明治33年生）からうかがった田植え歌（同書２２５ページ）を紹介しておく。

シャラリー　シャラリー　赤い帷子にゃ
昼が来やら　赤い帷子にゃ
シャラリー　シャラリー　赤い帷子にゃ
昼が来やら　赤い帷子にゃ

これで見ると音節数は、

あかいかたびらにゃ……8
ひるがきたやら…………7
あかいかたびらにゃ……8

このようになり、冒頭の歌とはまた違ったスタイルであることが判る。
決まった形で、田植え歌を確認することができないのであるが。こんなところにも伝承民謡特有の問題を、感じられるようである。

5　田植えの上手は

（田植え歌・隠岐郡知夫村仁夫）

隠岐地区

田植えの上手は　すざるこそ上手よ
今朝うとうた鳥は　よううたう鳥だの
この田に千石も　できるようにと　呼んだの
夕べの夜ばいどぉは　そそくさぁな夜ばいどぉ
枕こにつまづいて　マラづいた通ぉたなぁ

伝承者　中本まきさん・１９０６年（明治39年）生
収録日・１９８５年（昭和60年）８月23日

島根県下には田植え歌が豊富に残されている。けれども、同じ田植え歌とはいっても、その形は地域によってかなり違った様相を呈している。出雲地方や石見地方の中央部や東部では、朝から順番の決まった歌がうたわれていて、熱心な所ではそのような歌の順序を書いた歌本がきちんと残されている。ただ、石見西部ではそういうこともなく、歌は特に順番もなく、単独でうたわれていることが多い。

さて、隠岐地方ではどうかといえば、島前地区の海士町とか島後地区の西郷町（現・隠岐の島町）では、歌そのものの数は多くはないものの、やはり歌の順序が決まっていることが知られている。けれども他では系統的に順序を持った歌の存在は、筆者としてはまだはっきりと知らない。ここに挙げた知夫村の田植え歌であるが、そういうことで順序がはっきりしているという確認はしていない。詞章を眺めてもそう言えるように思われる。ただ、

田植えの上手は　すざるこそ上手よ

この歌は、隣の島海士町に伝わる次の田植え歌と、どこか関連を感じさせるものがある。

早乙女の上手よ　下がるこそ上手よ

伝承者　徳山千代子さん・1904年（明治37年）生

知夫村では「植え手」としているのを「早乙女」と、更に具体的に示しているだけである。

次の「この田に千石も…」は、豊作の願いを込めた

農民の気持ちにあふれているし、最後に挙げた、そっそっかしい夜ばい男を、おもしろおかしくうたった「夕べの夜ばいどぉは…」は、他の地方でも似たような詞章が見られる。例えば距離的には随分離れている美濃郡美都町では、

ゆんべの夜這どんは、
せせくろしい奴とんだ
茶椀箱をひっくりかえして、
糁汰味噌（じんだみそ）に手う突いた
牛尾三千夫著作集二『大田植の習俗と田植歌』(昭和61年)・名著出版　276ページ

糁汰味噌とは、ぬか味噌のことであるが、内容はまさに同工異曲なのである。

6 押しぇばさ

（盆踊り歌・隠岐郡西ノ島町赤之江）

隠岐地区

押しぇばサ　押しぇ押しぇ　押さねば行かぬ
オーシェバサー　ハラ押しぇばさ
港がヤンサー近くなる

オーシェーバサー　ハラ人のナー　算盤
内緒の馴染み　オーシェバサー
ハラそばにナーおれども　ヤンサよう知られぬ

オーシェバサー　ハラ虎はナー千里の
藪さよ越すに　オーシェバサー
ハラ障子一重がナー　ヤンサままならぬ
オーシェバサー

伝承者　小桜シゲさん・1909年（明治42年）生
収録日・1985年（昭和60年）8月21日

島根県の民謡調査の依頼を受けて、当地の焼火神社宮司だった松浦康麿氏と共にうかがったものである。

ここ西ノ島町赤之江では、盆踊りが盛んなのか、いろいろな種類の盆踊り歌が存在していた、ここに挙げた盆踊り歌は「オシェバサ」と呼ばれている。おそらく合いの手の語句をそのまま盆踊り歌の種類の名称にしたものだろう。

まず遊び言葉を除いて、音節数を見てみよう。

おしぇばおしぇおしぇ……7
おさねばいかぬ………7
おしぇばみなとが………7
ちかくなる…………5

ひとのそろばん………7
ないしょのなじみ………7
そばにおれども………7
ようしらぬ…………5

とらはせんりの………7
やぶさよこすに………7
しょうじひとえが………7
ままならぬ…………5

これもまた7775の近世民謡調なのである。

他の盆踊り歌として、筆者の知るところで名称を紹介しておけば、「さかた」「イサノエ」「島後ショウガエナ」「ショーヤリ」「なしぇまま」「ヨーホイ」などがあった。

同じく小桜シゲさんからうかがった「ショーヤリ」

を紹介しておこう。

ショーヤリー　ショーヤリャ
むぎしまショヤリ　もろぎゃにだんの
さようもんめ　ころびゃ　にだんの
さようもんめ

さようもんめ　ころびゃ　にだんの
さようもんめ

盆の十六日ゃめでたい月で　子持ちかかからが
出て踊る

まだまだあるが、紙面の関係で省略しておく。

7　朝はか　ねをやれ
（田植え歌・隠岐郡海士町保々見）

隠岐地区

朝はか　ねをやれ　トビがやおに　鳴いたとな
早乙女の上手よ　下がるこそ上手よ

嫁をしょしるなかいに　縄でワラぁ忘れた
苗がなけらにゃ　とっぱなせ
婆の言やるも　もっともだ
馬鍬(まんぐわ)つきよしぇて　こぉをあらあらと
編み笠のちょんぎりが
わしに女房に　なれと言うた
腰が痛けりゃ　のおさえて
のおさえて　のおさえて
日は何どきだ　七つの下がり
日ぐらし鳥が　笠のはた回る
上がりとうて　しょうがない
恥のこたぁ思わぬ

伝承者　徳山千代さん・1904年（明治37年）生ほか
収録日・1985年（昭和60年）8月

離島である隠岐島の島前地区、海士町に伝わる田植え歌である。どういうわけか本土の各地で広く聞かれる田植え歌とはかなり違っている。それでは同じ隠岐島の島後地区の歌と似ているかといえば、これまた必ずしも似ているとは言い難い。

そしてこの海士町の歌は、同じ島前地区でも聞いたことはなかった。歌の内容は田植えの状況を描写したものが主体となっている。

続いて音節数を見てみよう。最初の句は、

朝はか……………4
音(ね)をやれ……………4
トビがやおに…………6
鳴いたとな…………5

このように4465調である。次の句は、

早乙女の…………4

上手よ…………………4
下がるこそ……………5
上手よ…………………4

同様に以下、音節数を述べると、「嫁をしょしるなかいに…」は33433 4、「なぎがなけらにゃ…」は3344「婆の言やるも…」も344、「馬鍬…」は35 35、「編み笠の…」は443433…。これより後は省略するが、ここで述べたいのは、必ずしもそれぞれのスタイルが一定ではないということである。

民謡の成立した時代を判定することは、なかなか難しい問題であり、現段階での決定的な判断は避けなければならないが、ともかく本土の田植え歌との関連は、あまり感じられない。これらの歌は独自に当地で発達し、当地の人々によってうたい継がれてきたもののようである。

8 五箇の北方は住みよいけれど
（盆踊り歌・隠岐郡隠岐の島町＝旧・西郷町中村）

隠岐地区

（A）五箇の北方(きたがた)は
　　住みよい
（B）ヤレけれど　灘
（A）の嵐が顔にしょむ

（B）顔にしょむ　灘
（A）の嵐が顔にしょむ

※（A）（B）のように二人が交互にうたう。

伝承者　千葉ヨシノさん・1902年（明治35年）生
石井光伸さん・1931年（昭和6年）生
収録日・1985年（昭和60年）8月8日

この盆踊り歌は、一名「北方節」とも呼ばれている。そして少し変わった歌い方をする。

この詞章を見れば、おなじみの近世民謡調で、音節数は7775である。したがって囃し詞などを抜いて並べれば、次のようになる。

五箇の北方は…………8
住みよいけれど…………7
灘の嵐が…………7
顔にしょむ…………5

最初の8音節は、いうまでもなく7音節の字余りである。

ところで、歌い方がいかにも特殊な形になっている。普通は自然な文節で切って、次の人と交代するのであるが、この歌は必ずしもそうではない。例えば「住みよいけれど」で切るのではなく、「けれど」から別の人に交代している。また「灘の嵐が」でまとまっているのに、「灘」で切って次の人が「の嵐が顔にしょむ」と続けている。まさに常識を逸脱して交代するところに、この北方節独特の歌い方がある。

語句の意味を説明しておく。「五箇」は平成の大合併前の「五箇村」のこと。「北方」は、その大字名なのである。「顔にしょむ」の「しょむ」は、「しみる」の意味を持った言葉の方言であることは、特に説明するまでもなかろう。

この盆踊り歌は、1985年に聞かせていただいた。このおりには他の詞章もうたっておられるので、囃し詞を省略した形で、以下に紹介しておく。

わしのたまだれ　かますに入れて
怒(おこ)る親衆に　負わせたい
（たまだれ＝放蕩すること。また、その人のこと）

盆が来たらこそ　麦に米混ぜて
中に小豆が　ちらぱらと

殿の寝姿を　窓から見れば
五月野に咲く　百合の花

空の星さよ　夜遊びするに
わしの夜遊び　無理がない

歌い手の千葉さんは、このとき83歳の女性であったが、年齢をまったく感じさせない素晴らしい歌声であった。そしてまた石井さんも男性らしい重厚な美声だったことを、今思い出してもしみじみとして、懐かしい気分がよみがえってくるのである。

9 麦搗きゃ何よりこわい

（麦搗き歌・隠岐郡海士町保々見）

隠岐地区

（A）ハア　麦搗きゃ
何よりこわい
（B）アラ　やめにして
寝るが楽

（Ａ）寝るは楽
　何よりこわい
（Ｂ）アラ　やめにして
　寝るが楽

（Ａ）アー　行きやるか
　いつ戻りゃるか
（Ｂ）アラ　五月の
　中のころ
（Ａ）中ごろで
　いつ戻りゃるか
（Ｂ）アラ　五月の
　中のころ

※（A）の詞章は音頭取りとして井上さんがうたい、（B）は川西さんがつけてうたわれた。

伝承者　井上ヨシさん・１９０２年（明治35年）生
川西ツギさん・１８９９年（明治32年）生
収録日・１９８５年（昭和60年）８月

離島である隠岐島の島前地区、海士町保々見でうたわれていた素朴な麦搗き歌である。音頭取りがうたいかけると、それに呼応して、別の人が後の詞章をつける。そういう繰り返しで、歌は続けられていく。

歌の内容であるが、「辛い麦搗きをするよりは、そのような面倒な仕事はやめておいて、横になって寝ているのが楽だ」というのである。人間の楽をして過ごしたいという本能が、そのままうたわれているだけである。厳しい農作業が続き、そうしなければ生活できなかった、かつての人々の姿が、このストレートにうたった詞章の背後から見えてくるようである。

二つめの歌はどうだろうか。近所の人かだれかが、旅に出ようとする人物に「出かけるのですか。お帰りはいつになるのですか」と話しかけている。聞かれた本人は「そうですね。帰りは五月の中ごろになりそうです」などと応じるのである。平素の何気ない会話が組み込まれた単純な内容である。

詞章を音節数で見てみると、これまでよく出てきた７７７５の近世民謡調とは違っている。囃し詞や返しを別にして眺めてみよう。

麦搗きゃ…………4

何よりこわい………7
やめにして…………5
寝るが楽……………5

行きやるか…………4
いつ戻りゃるか……7
五月の………………5
中のころ……………5

二つとも4755調となり、ちょっと変わった形になっている。

これは古代調といわれている5774の音節数から成る歌でもなく、盆踊り口説きに見られる7777…と続く形でもない。ましてや57577短歌スタイルでもない。この「麦搗き歌」はまったく独立したスタイルを持っている。

筆者は詞章の素朴な点と、単純なスタイルから見て、この歌も案外、成立した時代は、かなり古いのではないかと想像しているのである。

10 おわら行きゃるか

（祝い歌・隠岐郡知夫村仁夫）

隠岐地区

ハー　おわら　ヤー　エー　アー
行きゃるか　いつ帰りゃんすエー
遅しナー　エー　アア四月の　オーワラ
中ばごろー　アー　オワラノ

コメトギャ　ドコカラ　デルカイ

伝承者　中本おまきさん・1905年（明治38年）生
収録日・1985年（昭和60年）8月

何かの祝いの席などでうたわれている歌だという。これは竹で編んだソウキという道具（穀物を入れて、それを洗うようなときに使われており、一方が口の開いたもの）に米を入れて、水で研ぐような所作をしながら、柄杓（ひしゃく）を持って踊るものだという。

おもしろいと思われるのは、最初の「おわら」という言葉である。これは決して囃し詞ではなく、人名として使われている。ややこしいので、念のため囃し詞を除いて見てみると「おわら行きゃるか、いつ帰りゃんす」となる。この部分の意味を少し分かりやすく書けば「おわらさん、お出かけですか。そしていつお帰りですか」ということになる。

けれどもそれから後に出てくる「四月の、オーワラ」「アー　オワラノ」については、人の名前ではなく、あくまでも囃し詞なのである。どうして人名と囃し詞が似た形で存在しているのか分からないが、そのようなところが、昔の離島でうたわれていた歌らしく、いかにものんびりしているとでもいえばよいのであろうか。

この歌は、今はあまりうたわれていないようだが、昔は盛んにうたわれていたのだろう。しかも、穀物などを洗うために、ふだんから使われていたソウキを持ち、併せて柄杓をも小道具として利用しながら、祝いの気分を盛り上げようとするのも、素朴な中にも、この家では心配なくご飯が食べられるのだという信仰が、裏面に隠されているのではないかと考えられる。

なお、詞章を囃し詞を抜いて並べると次のようになる。

おわら行きゃるか……7
いつ帰りゃんす………7
遅し四月の…………7
中ばごろ……………5

このようになり、おなじみの近世民謡調であることが理解できる。そのような点から考えると、この「おわら」は江戸時代の後半には、当地の祝いの席で大いにうたわれていたものであろうと推察されてくる。

ただ、これまで調べてみても、なぜか他の隠岐地方でも、まだ聞かれないものであるが、知夫村で収録できたということは、他の地方では、既に消えてしまった歌であっても、そこは離島ゆえ、島の人々に大切にされて、生命長く伝承を続けているのではなかろうか。

11　親を大切　黄金の箱に

（さかた・隠岐郡西ノ島町赤之江）

隠岐地区

親をナー　大切　ヤッソコナイ
黄金の箱に入れて　サーサイリョガ　入れて
ヤー　持ちたい　いつまでも　トシェー

親のナー　言うこととナー　なすびの花は　千に
サーサイリョガ　千に　ヤー　一つも仇がない
トシェー

伝承者　大西トラさん・1902年（明治35年）生
収録日・1985年（昭和60年）8月21日

変わった囃しのついた歌である。「さかた」と言われているこの歌は、盆踊り歌の一種であるが、現代でもうたわれているのだろうか。

また、どうして「さかた」と言われているのかといえば、同類の中に歌ので出しが「坂田三之丞…」となっているものがあるところから来ているのかも知れな

い。ただ坂田…の詞章は、その後がどう展開するのかはっきりしないので、ここに紹介することが出来ないのが残念である。

ところで、似た歌として「酒田おばこ」がある。これは山形県酒田港を中心にしたおばこ節であるが、西ノ島町の歌とは関係はないようである。同様に「酒田追分」もまた酒田港近辺でうたわれているが、これも無関係のようである。

わたしとしてはこの種類の歌の詞章は、「坂田…で」始まるものを含めて三種類しか収録しておらず、しかもその全てが大西さんによってうたわれたものである。

さて、囃し詞を除いて詞章を見れば、次のようになる。

親を大切…………7
黄金の箱に…………7
入れて持ちたい………7
いつまでも…………5

親をいつくしむ内容ではあるが、この詞章はあまり他では見つからない。しかし、次の詞章はおなじみのものと言ってよさそうである。

親の言うことと………8
（7の字余り）
なすびの花は…………7
千に一つも……………7
仇がない………………5

そして両者はいずれも近世民謡調なのである。したがって江戸時代後半からうたわれていたらしいことは、これではっきりするのであるが、今のところ隠岐地方でもそう知られた部類の盆踊り歌とまでは言えないようだ。

また、二番目の詞章のはじめの方は、「親の言うこと…」ではなく、「親の意見と…」となっている場合が普通である。

それはそれとして、たまたま大西さんのうたってくださった詞章は、共に親を大切にしようとしている内容であり、先祖を供養する目的を持った盆にうたわれる歌としては、ふさわしいものと思われる。

12　京や大坂のお染こそ

（お染・盆踊り歌・隠岐郡隠岐の島町＝旧・五箇村山田）

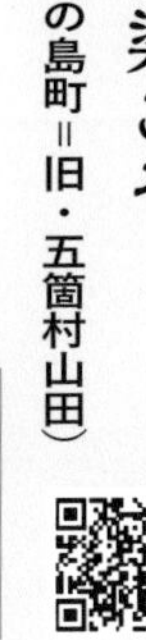

隠岐地区

京や大坂のお染こそ
ア　ヤーアトナー　ヤーアートトナー
踊り踊らば　二十四五までも　ドッコイショ
三十過ぎれば　子が踊る
ア　ヤーアトナー　ヤーアートトナー

伝承者　金山タルさん・1895年（明治28年）生
収録日・1985年（昭和60年）8月10日

これは盆踊り歌の一種で「お染」とか「お染踊り」と呼ばれている。それは歌の冒頭に「京や大坂のお染こそ」の詞章がついているところから来たものだと思われる。この歌は隠岐島後地方でうたわれているようだ。

ところで、出だしを除き次の詞章からは、どこにでもうたわれているものと同じ内容である。ここで「ドッコイショ」などの囃し詞を省いて見ると、

踊り踊らば…………7
二十四五までも………8
（7の字余りである）
三十過ぎれば…………7
子が踊る……………5

このようになり、いわゆる近世民謡調のスタイルであることが分かる。

山田地区は旧五箇村であるが、近くの旧西郷町中村地区では、少し出だしが違って次のようになっていた。

お染こそよけれ　コレワイショ
京や大坂のお染こそ
ヤーレ　ヤーハートナー　ヤーハートナー

あるいは最初の歌も同様に「お染こそよかれ　コレワイショ」の部分が本来はあったものかも知れないが、今となっては確認するすべがない。

わたしは1985年（昭和60年8月）、現地でこの種類の歌を録音させていただいたが、中村地区の方は「お染」の他の詞章もいろいろとあった。囃し詞を省略して少し挙げておく。

ことしゃ豊年どし　穂に穂が咲いて
藁が五尺に穂が二尺
親と兄弟　鏡と妻は　見ても見飽かぬ　末飽きぬ
月の丸さと恋路の道は　江戸も田舎も
変わりゃせぬ
前の石橋の　しわるほど待ちた
家がもめるやら　出てごさぬ
遠く離れて　逢いたいときは
月が鏡になればよい

このようにいろいろな詞章が、自在に当てはめられ、楽しく盆踊りが続けられるのである。

なお、これらの詞章は、盆踊り特有のものとは限らず、他の労作歌などでもうたわれるものであることは、もちろんいうまでもないのである。

13　お駒がわが家を発つときにゃ

（お駒節・隠岐郡海士町保々見）

隠岐地区

お駒がわが家を　発つときにゃ　チリトテチン
二人の子供を　ちょいと抱き上げて
これがこの世の暇乞い　成人（しぇいじん）せよとな
なあ　よしよし

橋の欄干に　腰うちかけて
月星眺めて　殿さんを待ちる
向こうに見えるは　与作さん
お駒じゃないかと　なあ　よしよし

伝承者　松下アヤさん・1908年（明治41年）生
収録日・1985年（昭和60年）8月

隠岐地方にはなぜかこの「お駒節」なる歌が多い。これは島前地方では労作歌ではなく、酒席のおりなどにうたわれる座敷歌である。わたしは1973年（昭和48年）から5年間、当地で暮らしていたが、古老を訪ねて民謡をお願いすると、決まったようにこの歌を聞かされたものである。

内容的には有名な何かの物語を題材にしているようだが、具体的に何という物語なのか分からない。おそらく江戸時代あたりに流行ったものではないかと思われるが、不明なのがいかにも残念である。どなたかご承知の方はお教えいただきたい。

ところで、この歌であるが、島前地区の海士町に対して、島後地区の隠岐の島町中村では、同類が次のようになっていた。

橋の欄干に　腰うちかけて
月星眺めて　殿御を待ちる
あれに見えるは　与作さん
お駒じゃないかと　まあ　よしよし

お駒　わが家を　発つときにゃ
二人のわが子を　ふと差し上げて
これがこの世の暇乞い
成人せよと　まあ　よしよし

伝承者　石井光伸さん・1931年（昭和6年）生
収録日・1985年（昭和60年）8月8日

伝承歌であるから、多少の語句の違いはあるものの、ほとんど同じである。そしてここ中村地区ではこの歌は座敷歌としてではなく、山仕事のおりにうたう歌として聞かせていただいたものである。

このように島前地区や島後地区を通して隠岐地方で好まれている民謡の中には、本土ではあまり聞かれない歌が、いろいろと存在している。例えば島前地区では「おけさ」「隠岐追分」「シュウガイナ」「じょんがら節」「船おろし」など。一方の島後地区では「松前殿さん」「ハイヤ節」「磯節」「イッチャ節」「神楽歌」などまだまだある。

こうした多彩な種類の民謡が存在しているのは、船によって各地の民謡が持ち込まれた事情があるからで、離島ゆえの特色といえそうである。

14 なしぇまま
（盆踊り歌・隠岐郡西ノ島町赤之江）

隠岐地区

なしぇまま　なしぇままならぬ
ままになる身をヤレヨー　持たせたや
※なしぇままならぬ
ままになる身をヤレヨー　持たせたや
寺の玄関先　が巣をかけて

和尚が　出りゃ刺すヤレヨー　もどりゃ刺す
※蜂が巣をかけて　和尚が
出りゃ刺すヤレヨー　もどりゃ刺す
赤之江（しゃくのえ）よいとこ　朝日を真受（お）け
お山嵐がヤレヨー　そよそよと
※朝日を真受（お）け　お山嵐がヤレヨー　そよそよと
（※からは、返しである）

伝承者　大西トラさん・1902年（明治35年）生
収録日・1985年（昭和60年）8月21日

これは「なしぇまま」と称しているが、盆踊り歌の一つである。命名の由来は、出だしの「なしぇまま、なしぇままならぬ」の詞章にあると考えられる。島前地方にはこの「なしぇまま」の盆踊り歌は、比較的知られているようで、西ノ島町のみではなく、海士町でもあちこちで聞かされた。知夫村ではまだうたわれていることを知らないが、おそらく他の二島同様に存在しているものと思われる。

ところで、詞章の意味であるが、いったいどういうことだろうか。「なしぇ」は「なぜ」、つまり「どうして」のことであるのは分かるが、次の「まま」は、ひょっとして「ご飯」を意味する「まま」ではなかろうか、そうすると「なしぇままならぬ」は「どうしてご飯が食べられないほど貧乏なのだろうか」と解釈できる。はたしてそれでよいのだろうか。そうも考えてみたものの、はっきりしないので海士町の郷土史家である濱谷包房氏にうかがってみると、「ままならぬ」は、「儘ならぬ」であり、「思うようにいかない」の意味だろうと答えられた。

そうしてみるとこの歌は、恋しく思う人がいるのに、なかなか世間の風当たりは厳しく、先行き不透明である。その若者を知っている年配の者が「うまく行くような身にしてあげたい」と同情するところが「ままになる身を持たせたや」なのである。途中の「ヤレヨー」は囃し言葉、二度目の「なしぇままならぬ」からは、返しの部分になる。

次の「寺の玄関先…」や「赤之江よいとこ…」は、各地でよくうたわれている詞章である。「寺の玄関先」は「寺の御門に」の詞章でうたわれることが多く、「赤之江よいとこ」は、それぞれ地名をその土地の名称に替えてうたわれているものである。ただ「お山嵐がそよそよと」は転化したもので、一般的に「お山おろしがそよそよと」とうたわれている。

15 ここのかかさんいつ来てみても

（盆踊り口説き・隠岐郡隠岐の島町＝旧・布施村布施）

隠岐地区

ここのかかさま　いつ来てみても
朝は早起き　朝髪上げて
紺の前掛け茜（あかね）のタスキ
掛けて浜へと　塩汲み行きゃる

沖の船頭さんが　はらこら招く
招く船頭さんに　さらし三尺もろた
帯に短しタスキにゃ長し
何にしょうかと　紺屋に問えば
そこで紺屋の　申するのには
一にで橘　二にでキツバタ
三で下がり藤　四で獅子牡丹
五つ井山の千本桜　六つ紫　色よに染めて
七つ南天　八つ山桜
九つ小梅（こんめ）を　ちらりと染めて
十で殿ごさんの　好いたように染める

伝承者　灘部修作さん・1948年（昭和23年）生
収録日・1985年（昭和60年）8月9日

盆踊り口説きなので、途中のところどころに、「オッ」とか「オイ」、あるいは「ア、ドッコイ、ドッコイ」「ハーヨーイトシェー」「サー、ヨーホイ、ヨーホイ、ヨーイヤシェー」などの囃し言葉が入るが、それを入れると、あまりにも長くなりすぎるので省略して、詞章だけを記しておいた。

ところで、この歌の内容はなかなか艶っぽいものを含んでいる。かかさんに秋波を送る船頭との取り合わせの物語とでもいうのであろうか。

それはそれとして、この歌は隠岐地方では、島前、島後両地方とも、同類が子どもの世界の「手まり歌」としてうたわれている。つまり、大人の世界の民謡と、子どもの世界のわらべ歌の交流が見られる貴重な歌なのである。都万村油井の藤野コヨさん（明治38年生）からうかがった手まり歌を紹介しておく。

ここのかかさん　いつ来てみても
紺の前掛け茜（あかね）のタスキ
掛けて港へ塩汲み下（さ）がる
沖の船頭さん　こらこら招く
招く船頭さんに　木綿糸もろて
何に染めかと　紺屋に問えば
一に橘　二にカキツバタ
三に下がり藤　四に獅子牡丹
五つ井山の千本桜　六つ紫いろいろ染めて
七つ南天　八つ山桜
九つ小梅を　いろいろ染めて

十で殿ごさんの　好いたように染めた

確かに手まり歌としてもあちこちでうたわれていたようである。しかし、詞章の内容からして、どちらかといえば、これは本来が大人の世界の歌であるといえよう。

けれども、子どもたちは、そのようなことにはおかまいなく、自分たちに気に入った歌があれば、巧みに子どもの世界に取り入れて、自分たちのものとして消化しきってしまうのである。

16　田植えの上手は

（田植え歌・隠岐郡知夫村仁夫）

隠岐地区

田植えの上手は　すざるこそ上手よ
今朝うとうた鳥は　よううとう鳥だの
この田に千石も　できるよにと
よんだの
ゆうべの夜這いどうは　そそくさな夜這いど
枕につまづいて　まらづいたとな
今夜　ここに寝(にょ)うや　青田の中に
青田　田の中　土手枕

伝承者　中本マキさん・１９０６年（明治39年）生
収録日・１９８５年（昭和60年）８月23日

島根県の民謡調査の依頼を受けて、当地の長畑比古五郎氏と共にうかがったものである。

これは田植え歌であるが、同地ではこれ以外にあったと思われるものの、まだ収録を果たしていないだけに貴重であると思われる。おそらく田植え方法も変化して、もう田植え歌をうたいながら作業することもなくなったであろうから、伝承されなくなったと思われるからである。

音節数を見てみよう。

たうえのじょうずは………7
すざるこそじょうずよ……9

けさうとうたとりは………9
よううとうとりだの………9

このたには…………………5
せんごくも…………………5

できるよにと………………6
よんだの……………………4

ゆうべのよばいどうは……10
そそくさなよばいど………9
まくらにつまづいて………9
まらづいたとな……………7
こんやここにょうや………9
あおたのなかに……………7
あおたたのなか……………7
どてまくら…………………5

一通り並べてみたが、この音節数は異色である。馴染みの７７７５の近世民謡調でもなければ、５７７４の古代調でもない。いったいどのように考えればよいのであろうか。

陸の孤島である知夫村で行われている田植えの中で、うたわれる作業歌である。それが他の地区に見られるのとやや変わっていることを、どう解釈すればよいのだろうか。

筆者にとって、これは難問題である。

それはともかく、その昔、隠岐島前高校に勤務していた筆者は、同校郷土部の生徒たちと、昭和51年の夏、四泊五日で四名の部員たちと、知夫村の民話やわらべ歌を収録したことを懐かしく思い出すのである。早くも半世紀近くも前のことになってしまったが。

17 松前殿さんニシンのお茶漬け

（松前木遣り・隠岐郡隠岐の島町＝旧・都万村油井）

隠岐地区

松前殿さん　ヤーレ　ヤットコセー　ヨーイヤナー
ハアー松前殿さん　ニシンのお茶漬け　アー
ヨーイートーコーナー　ソーレーモ
ハラガリャー　ヨーイトーコ
ヨーイトーコーナー

（以下、詞章のみ）

千代に八千代に　千代に八千代に　苔むすまでも
笑い笑い入れるは　笑い笑い入れるは
大黒さんの賽銭（さいしぇん）箱

伝承者　藤田シナさん・1908年（明治41年）生
収録日　1985年（昭和60年）8月20日

なかなか元気のよい感じの歌である。そして囃し詞もかなり長い。この歌は、その名前も歌の出だしの通り「松前殿さん」と呼ばれて、隠岐地方では酒盛りの

おりに座敷歌としてうたわれている。

ただ、ここ隠岐の島町（旧・都万村油井）では、神社の屋根を葺き替えるおり、祝いの餅を大八車に入れて引っ張りつつうたう道中歌として教えていただいた。

ところで、松前といえば、江戸時代に北海道の蝦夷にあった藩の名前である。であるから、その藩主を親しんで「松前殿さん」というのである。

また北海道ではニシンが名産であり、そこから「松前殿さんニシンのお茶漬け」という詞章が出ているものと考えられる。

この詞章を持つ歌が隠岐地方でうたわれているのは、江戸時代中期から明治にかけて盛んだった、北海道地方の産物を各地に運んでいた北前船と関係があると思われる。すなわち隠岐島にもそれらの船が寄港し、それらの船頭たちによって当地にも伝えられたものであろう。

ところで、江戸時代中期ごろからうたい出され、全国的に知られるようになった民謡に三重県津地方にかかわりのある「桑名の殿さん」がある。

桑名の　殿さん　ヤーレン
ヤットコャ　ヨーイヤナ
桑名の殿さん　時雨で茶々漬
ヨーイートナ　アーレワ
（アリャリャンリャン）
ヨーイトーコ　ヨーイトーコナー

実に「松前殿さん」とそっくりの構成である。

つまり、地名と特産物を取り替えて、自在に歌を転用していた、かつての民衆のたくましさが垣間見られるようでおもしろい。

なお、「松前殿さん」の後に続けて紹介している「千代に八千代に…」や「笑い笑い入れるは…」の詞章にしても、一見して分かるように、共に縁起のよい詞章で、神社の作業にふさわしい内容を持っている。ここには氏神様から幸せを授かろうとする心組みが、込められているのである。

18

お恵比寿が

（お恵比寿さん・隠岐郡西ノ島町赤之江）

隠岐地区

お恵比寿（えびす）が岩のヤーレ　木陰で昼寝する
アアコリャ　ジュンニコイ　ジュンニコイ
鯛をヤァレ釣るような　夢を見た　コリャ
ジュンニコイ

※　ハアー　順に来い
アア　養子に来い　アア　養子に来るから
案ずるな
※印以下の囃しは、他の人たちでつける。

伝承者　扇谷ゲンさん・1903年（明治36年）生
収録日・1985年（昭和60年）8月21日

隠岐島は民謡が実に豊富である。それは島であるので各地より寄港する船の乗組員たちから仕入れた歌が、この地方でしっかりと根づいたところに理由があるのだろう。

さて、ここに挙げた歌は行事歌になる。1月2日、日本海側で新潟県から西の漁民の間に見られ、船祝いとして宴会を行う「松直し」の行事や同10日の「十日恵比寿」のさいの宴会でうたわれている。福を招き寄せる願いを込めた縁起のよい内容である。この地方でいう恵比寿神は、豊かな海の幸をもたらす神として信仰されているので、やはり漁民の神である。「鯛を釣るような…」の詞章に漁業の神としてのイメージが示されている。この十日恵比須の日、若者たちが御輿を担ぎ、集落内を勢いよく練り歩く姿は、なかなか盛大で見事なものである。
　歌い手の扇谷さんは、この他にもうたってくださったので、以下に紹介しておきたい。

大黒は蔵の　ヤーレ　木陰で昼寝する
アア　コリャ　ジュンニコイ　ジュンニコイ
俵を　ヤーレー　積むよな夢を見た
アア　コリャ　ジュンニコイ
ハアー　順に来い　アア　養子に来い
アア　養子に来るから　案ずるな

ウグイスが梅の　ヤーレー小枝で昼寝する
アア　コリャ　ジュンニコイ
ハアー　ジュンニコイ
アア　ジュンニコイ　アア　養子に来るから
案ずるな　ジュンニコイ　花の　ヤーレー
咲くよな夢を見た　アア　コリャ　ジュンニコイ

　大黒神は恵比寿神と一対で祭られ、「俵を積むような…」の詞章からも察せられるように、豊作をもたらす神であることはいうまでもない。よく民家の部屋の棚などに、この一対の神は祭られているのを見かける。
　梅とウグイスの取り合わせも知られているが、この鳥は「春告げ鳥」とされるところから、春を待ちこがれる人々の縁起を担いだ詞章と考えられるのであろう。

19 盆が来たらこそ

（盆踊り歌・隠岐郡隠岐の島町＝旧・五箇村郡）

隠岐地区

盆が来たらこそ　麦に米混ぜて
中に小豆をちらぱらと
盆の十六日ゃ　踊りの仕上げ
ばばも出やりな　孫連れて
踊り踊るなら　品(しな)よに踊れ
品のハー　よい子は　こちの嫁

伝承者　村上忠男さん・１９０１年（明治34年）生
収録日・１９７９年（昭和54年）８月10日

盆踊りは、先祖の霊を慰めるために行われる。したがって、以前は、集落の広場とかお寺の境内で踊られるばかりでなく、新盆を迎える家の門先で踊るものだとしている所も多かった。

ここで紹介した隠岐の島町（旧・五箇村）の歌の詞章を眺めると、それぞれそれなりの意味を示していて興味深い。

最初の歌は、ハレの日の盆であるから、おいしいご馳走を作ろうとするのであるが、貧困にあえぐ庶民の境遇では、思うようには行かず、それでもせめてもの気持ちをこめて作った料理は、麦飯の中に多少の米を混ぜ、小豆を散りばめたご飯である、というのであった。昔の厳しい食生活がしのばれる。この詞章は隠岐地方では、一般的にうたわれているが、隠岐地方に限らず、多くの地方で共通するものであった。

わたしは、これを聞くとなぜか石見の鹿足郡吉賀町椛谷で見つけた田の草取り歌を思い出してならない。

盆が来たちゅて　うれしこたぁないよ
踊る帷子（かたびら）あるじゃなし

盆が来たなり　背戸の早稲ゃ熟れん
何のよかろぞ冷え盆じゃ

伝承者　大田サダさん・１８９７年（明治30年）生

生活の貧しさと不作の苦しさがしみじみとうたわれ

ているという点で、共通しているのである。

次いで二つ目の「盆の十六日ゃ…」の歌は、前者とは一転して、踊りの楽しさをうたっている。

若者が喜んで踊っているのはよいが、そればかりではなく、平素は孫の守りで苦労をかけているおばあさんも、今夜は孫と一緒に出てきて踊りなさい、と誘っている。

最後にあげた歌は、踊りの品定めをしながら、結局は身びいきとでもいうのであろうか、一番上手に踊るのは、わが家の嫁だとしている。いかにも素朴な歌である。「品のハー　よい子はこちの嫁」とうたうのは、案外、呼ばれて出てきた姑にあたるそのおばあさんであったかも知れない。こうなってくれれば、この家では嫁と姑のいがみ合いもなく、いたって平穏な家庭であるといえるようである。

このように盆踊り歌一つを取っても、その中には庶民の生活の哀感がこもっているのである。

20 一つになるから乳を飲む

（相撲取り節・隠岐郡隠岐の島町＝旧・西郷町加茂）

隠岐地区

ハアー　エー
一つうたいましょう　相撲取り節をヨー
一つになるから乳を飲む
二つになるから箸を持つ

三つ四つは遊ばせて
五つになるから管をかく
六つで木綿を織りはじめ
七つで何でも　せにゃならぬ
八つで縫い針仕立物
九つ紺屋にもらわれて
十で殿ごを持ちはじめ
十一なるかや明けの春
かわいい殿ごの帷子（かたびら）を
おんで紡いで枠に取る
枠に取ったはよけれども
あじぇの返しを　まだ知らぬ
姑（しゅうと）さんにと手をついて
教えてください姑さん
おまえの親さや教えぬに
なぜにわたしが　教えよかえ
小姑さんにと手をついて
教えてください小姑さん
姑さんさや教えぬに
なぜにわたしが　教えよかえ
殿ごさんにと手をついて
教えてください殿ごさん
字算盤なら教えよぞに
あじぇの返しは　わしゃ知らぬ
人の嫁ごになる者が
あじぇの返しを　知らぬとは
あじぇ竹へ竹で　たたかれて
そこで嬢さんわんと泣く
奥の一間に駆けり込む
しゃんと結ったる　島田をば
根からすっぱり切り離し
殿ごの膝にと投げつけて
わしはここ出りゃ　花が咲く
後は乱れる　ノーササ
アラ　嫁はないヨー
アー　ドッコイサーノ　ドッコイサ

伝承者　仲本伝太さん・1892年（明治25年）生
収録日・1980年（昭和55年）8月9日

相撲取り節は、隠岐では相撲大会や祭りなどの余興で、今でも盛んにうたわれている。

歌の詞章はいろいろあるが、ここに紹介した歌は、娘の成長を読み込み、中心となっているのはその娘が嫁になった後の厳しい嫁と姑の確執をうたっているところにある。

まず、歌は赤ん坊時代から始まり、数え歌形式で物語を進めてゆく。この歌では一〇歳で結婚しているから、今なら早婚である。そして一一歳になったときから、問題が起きるのである。「あぜの返し」の縫い方を知らなかった嫁は、しかたなく姑に尋ねるが、「おまえの親さや教えぬに、なぜにわたしが教えよかえ」とけんもほろろの扱いを受ける。嫁はさらに小姑に聞くが、やはり同様の扱いである。頼みとする夫も決して温かく扱ってはくれない。そこで嫁は立腹し、捨てゼリフをを残して家を飛び出してしまうという内容になっている。この歌は手まり歌でもうたわれている。

ところで、昭和9年に東明堂から刊行された『日本民謡の流れ』で藤沢衛彦は、類歌を引用されながら、この歌が江戸時代にうたわれていたと述べておられる。

21 ショーガイナー（盆踊り歌・隠岐郡知夫村仁夫）

隠岐地区

しょうがい婆(ばば)　焼き餅好きで
今朝の茶の子に　百七つ
ショーガイナーエー　百七つ
今朝の茶の子に　百七つ

ショーガイナーエー

伝承者　中本マキさん・1906年（明治39年）生
収録日・1985年（昭和60年）8月23日

なかなか愉快な内容の盆踊り歌である。この歌を「ショーガイナー」というのは、途中に囃し言葉として「ショーガイナーエー」なる語があるからだと思われる。

隠岐地方では、焼き飯という、少し変わった握り飯風の食べ物がある。これは握り飯の上辺に、この地方独特の小醤油と称する味噌を塗り、それを鉄器にかけ、下から火を当て、ほのかに焦げる程度にしたものである。案外、この歌でうたわれる焼き餅なるものも、それと関連したもののように思えてならない。

続いて「茶の子」であるが、これは朝食と昼飯の間に摂る食事のことを言っている。現在でこそ一日の食事は、朝、昼、晩と三回摂るのが常識のように考えられているが、少なくとも第二次世界大戦までの農村では、五回とか、農繁期では六～七回も摂るのが普通だった。朝食と昼飯の間の十時頃に摂る食事を出雲地方や隠岐地方では「茶の子」と称し、石見地方では「小昼（こびる）」と呼んでいた。

ところで、主人公のしょうがい婆さんは、よほど焼き餅が好きなようで、茶の子に百七つも食べたという、なかなかの大食家であり、そこをからかうように、この詞章ができているところが愉快である。

大人の盆踊り歌に、このような詞章が使われているのであるが、実は似た歌が手まり歌として存在している。鳥取県西部の西伯郡岸本町では、

源が婆（ばば）さん　焼き餅好きで
宵にゃ九つ　夜食にゃ七つ
けさの茶の子にゃ　百七つ

伝承者　西賀世智子さん・1912年（大正元年）生

また、境港市外江町でも、

そこを通るは　お千でないか
お千ちょと来い　もの言うて聞かしょ
われが伯母さん　焼き餅好きで

ゆんべ九つ　夜食に七つ
けさの茶の子に百七つ

伝承者　浜田泰子さん・1907年（明治40年）生

最初の盆踊り歌と比べると、手まり歌の方が内容的には、いろいろな要素を取り込んでいる。そして両者ともよく似ている点も否定できない。

このように思わぬところで、大人と子どもの世界は交流している。

22　今日は吉日

（木遣り・隠岐郡隠岐の島町＝旧・布施村布施）

隠岐地区

トコー　ドーットコセ
（アーエーイヤアー）
ハーエーイヤー
（アーエーイヤアー）

エーヤーラー　アアーアーエーイー
（ヤーラーエーイー　ヤラエー）
今日は吉日（きちにち）　大吉日じゃ
エーイーヤーラー
アアーエーイ
（ヤーラ　エーイヤラーエー）
今こそ大山神社の　帯締めの祝いの糸のそろいじゃ
エーエーヤーラー
アアーエーイー

（ヤラーエーイーヤラエーイ）
ヨイサー（ホーイ）
ヨーイトナー
（ホラーエーイデモ　アリャリャノリャ）
アア　ドッコイ
（ヨーイ　トーコ　ヨーイ　トーコーナー）
ホーランーエー
糸のそろいは
ヤーエー
（アーヤートコシェー
ヨーイヤナー）
ハア　糸のそろいは　琴三味線で
ヨーイートーナー
（ハアーホラーエーデモ　アリャリャノリャ）
ハア　ドッコイ
（ヨーイトーコ
ヨーイトーコーナー）
ホーランエー
重たいはずだよ
ヤーエー
（アーヤストコシェーヨーイヤナー）

アー　重たいはずだよ　千両万両の
金蔵じゃもの
ヨーイートーナー
（アー　ホーランエーデモ　アリヤリャノリャー）
アア　ドッコイ
（ヨーイトーコ　ヨーイトーコーナー）
ホーランエー
山の奥に　ヤーエー
（アー　ヤストコシェー　ヨーイーヤナー）
ハアー　御山の奥　鶴さん舞えば
ヨーイートーナー
（ハー　ホーラーンエーデモー　アリャリャノリャ）
ハアー　ドッコイ（ヨーイトーコ　ヨーイトー
コーナー）
ホーランエー
春日の浜に　ヤーエー
（ハアー　ヤーストコシェー　ヨーイヤナー）
ハアー　春日の浜に亀さん遊ぶ
ヨーイートーナー
（ハアー　ホーランエーデモー　アリャリャノリャ）
ハア　ドッコイ《ヨーイートコー　ヨーイトコナー》

ドドコー　ドーットコシェー
《アーエーイー》

伝承者　益崎勝吉さん・1932年（昭和7年）生

（　）の中は、灘部修作さん・1948年（昭和23年）生がうたう。《　》の中は升崎さんと灘部さんでうたう。

収録日・1985年（昭和60年）8月9日

布施にある大山神社の神事でうたわれるが、解説は前回を参照していただきたい。「春日の浜」は大山神社の近くの浜。

23　めでためでたの若松様は

（神楽歌・隠岐郡隠岐の島町＝旧・布施村布施）

隠岐地区

めでためでたの　若《松ョ様は》
ハー　枝も栄える　葉も
《ヤーレ　ショーオー　茂る》

布施の姉らと
《春日（かすうが）のョー　森は》
ハーほかに木〈気〉はない　松〈待つ〉
《ヤーレ　ショーオーばかり》

届け届けや末《えまでョー届け》
ハー　末は鶴亀　五葉《ヤーレ　ショーオーの松》

布施はよいとこ　三（み）《いつの　ョー　谷に》

八千歳(ちとせ)変わらぬ杉《ヤーレ　ショーオーの色》

伝承者　灘部修作さん　1948年（昭和23年）生
《　》内は升崎勝吉さん1932年（昭和7年）生
収録日　1985年（昭和60年）8月9日

これは隠岐の島町布施にある大山神社の神事でうたわれている。歌は出だしを単独で一人がうたい出し、途中から別な者が後半の詞章を引き受ける形でうたっている。

ここの神様は、暴れることが大好きだとかで、ご神体の杉に蛇体を巻き付けようと、マサキの蔓を運ぶおりに、つい暴れるので、それを鎮める意味にもうたわれると、当地では説明されている。そしてこの歌の名前を「神楽歌」と称するのである。

さて、詞章であるが、初めの「めでためでたの若松様は、枝も栄える葉も茂る」については、一般的なものので、どこの地方でもおなじみである。いわゆる縁起の良い内容で、神事にうたうのにも適しているといえよう。

二番目の詞章の中の「春日」の地名であるが、これは大山神社のある所である。そして「ほかに木はない、松ばかり」は、「春日の森」の木の種類をいっているが、そればかりではなく、むろん、「布施の姉」の語句にも掛けられ「ほかに気はない、待つばかり」と、当地の女性の慎ましやかさを、それとなくうたい込んでいる。

また、三番目の「届け届けや末まで届け、末は鶴亀五葉の松」の詞章も一般的で、縁起の良い内容となっている。

最後の「三つの谷」とあるのは、旧布施村内にある北谷、中谷、南谷の三個所を指している。そして「千歳の杉」であるが、これは大山神社のご神体である杉のことをうたっている。また、はじめにも述べておいたが、この杉にはマサキの蔓を蛇体の意味で、七巻き半ほど巻きつけるため、そこまで出かける山登りのおり、道行きとしてうたわれている。

なお、蔓を木に巻くときには、この神楽歌ではなく、別な種類である「木遣り」なる歌をうたっている。ただ、紙数の関係で、省略したい。

24

キヨが機織りゃキンニャモニャ

（座敷歌・隠岐郡海士町北分）

隠岐地区

キヨが機織りゃ　キンニャモニャ
あぜ竹へ竹　殿に来いとの
キンニャモニャ　まねき竹
クラゲ　チャカポン　モテコイヨ

届け届けよ　キンニャモニャ
末まで届け　末は鶴亀
キンニャモニャ　五葉の松
クラゲ　チャカポン　モテコイヨ

伝承者　宇野ツギさん・1914年（大正3年）生
収録日・1985年（昭和60年）8月

隠岐地方を代表する座敷歌の一つであり、海士町の歌とされている。これは最近では、フォークダンスで用いられることもあるが、元々は宴席の余興でうたいながら踊ることが多い。

踊りは杓子を両手で持ち、歌に合わせてシャモジをひらひらとひらめかせながら、ときおり頭上でカチンと合わせるもので、これはなかなかきらびやかで派手な踊りがついており、現地ではだれでも踊れるようである。

わたしも1973年（昭和48年）から5年間、海士町に住んでいたが、宴会に出席したおり、地元の人々が、いとも軽やかにこの歌をうたいながら、踊るのを見たものであった。

ところで、ここに挙げた最初のものが「キンニャモニャ」と独自の詞章で、囃し言葉を除けば、近世民謡調の７７７５調であることが分かる。

キヨが機織りゃ……７
あぜ竹へ竹………７
殿に来いとの………７
まねき竹………５

そして囃し言葉の「キンニャモニャ」とか、「クラゲ、チャカポン、モテコイヨ」などが、ついている。昭和44年に日本放送出版協会から発行された『日本民謡大観（中国編）』によれば、西郷町でキンニャモニャを収録している。囃し言葉は同じだが、詞章は「うれし目出度の若松様よ、枝も栄えて葉も茂る」と一般的である。このときは本場、海士町での収録はなかったのであろう。次に同書の解説を引用しておく。

――島後の港町である周吉郡西郷町（現・隠岐の島町西郷）には「キンニャモニャ」と呼ぶ奇妙な名の唄が伝えられている。曲名の意味は不明だが、同系の唄が遠隔の地に点々と残っている。熊本市の花柳界での騒ぎ唄「キンニャモニャ」長野県上伊那郡伊那里村の酒席の騒ぎ唄「キンニョンニョンニョ節」などがそれで、愛媛県宇摩郡新宮村では田の草取りに謡っており、これらの唄は曲節も囃しことばも大同小異である。また新潟県佐渡にも「キンニョウモニョ節」という同巧の唄が、これは歌詞のみだが記録されている。――

ここから海士町の歌も、これらの歌と無縁ではないようである。

25 山を崩いて田にしましょ

（盆踊り歌・隠岐郡隠岐の島町＝旧・都万村油井）

隠岐地区

ハァちょいと山崩し　山を崩いて田にしましょ
ハァちょいと山崩し　山を崩いて田にしましょ
盆の十六日は　踊りしゃげ　子持ち姿も出て踊れ

盆の十六日は　踊りしゃげ　子持ち姿も出て踊れ

伝承者　藤野リツさん・1897年（明治30年）生・他
収録日・1977年（昭和52年）7月30日

「山崩し」と称する盆踊り歌である。命名は最初に挙げた歌の詞章「山を崩いて…」から来ていることは間違いない。盆踊りの歌の詞章にまで、田を広げ、何とかして稲を少しでも多く作りたいという、日常感じている切実な気持ちが述べられており、しかも、それを盆踊り歌の名前にまでしてしまっているところに、昔の農民の願いが垣間見られ、そして素朴ながらも、思ったところをそのままストレートに出しているのが分かる。

元々、盆踊りは新盆の霊を慰めるために、該当する家の前で踊るとされている。そして、先祖を供養する意味もこめて、集落の広場で、そこの集落の人々が、老いも若きも男も女も心を込めて踊るのである。

さて、この歌は旧・都万村の油井地区で聞いたものであるが、同じ隠岐であっても海を隔てた島前の西ノ島町にも同類があり、やはり「山崩し」と呼ばれている。次に紹介しておこう。赤之江地区で聞いたものである。

ヤーレ　山崩しぇ　ハラシェー
山を崩いて　田にしましょ　サアー
ヤーハートナー　ヤーハートナーイー

伝承者　小桜シゲさん・1893年（明治26年）生

この詞章から見ても、同類であると分かる。ところで、同じ「山崩し」と言われながら、詞章ではまったく一般的なものもある。同じ小桜さんから、このとき教えていただいたものを、囃し言葉を省略して挙げてみる。

今年ゃよい年　穂に穂が咲いて
道の小草も米がなる

おまえ百まで　わしゃ九十九まで
共に白髪の生えるまで

届け届けや末まで届け
末は鶴亀　五葉の松

親を大切（たいしぇつ）　黄金の箱に
せめて持ちたや　いつまでも

これらの詞章を眺める限り、いずれもがいわゆる7775の近世民謡調として、各地の労作歌や酒宴の席の座興に、どこででもうたわれている馴染みの歌なのである。

26　ここのまた奥山の
（相撲取り節・隠岐郡西ノ島町赤之江）

隠岐地区

ハアー　ここのまた奥山の

そのまた奥山にヨー
ハアー鹿が三世　鳴きなんす
かんじが強うて　鳴くかいな
腹がひもじゅて　鳴くかいな
親に恋しゅうて　鳴くかいな
かんじが強うて　鳴くじゃない
親に恋しゅうて　鳴くじゃない
腹がひもじゅうて　鳴くじゃない
ここの奥の　その奥に　六十余りの老人が
肩には鉄砲ふりにない
腰には弾筒(たまづつ)一升ずつ
これがおぞうて　鳴くわいな
助けてくだされ山の神
助けてくれれば　礼をする
岩鼻を崩いて宮建てて
宮の回りにごままいて
十二の燈籠とばします
またえどころが　しおらしや
助けてくだされ　ノウ　ホホー　山の神ヨー
ヨイコラ　ヨイコラ

伝承者　小桜シゲさん・1909年（明治42年）生
収録日・1985年（昭和60年）8月21日

この歌は隠岐の島では相撲取り節として教えていただいた。この相撲取り節というのは、何か祝い事があったとき、余興で行われていたようで、一種の座敷歌といえる。

そして同類は、はるか離れた東北の民謡「津軽小原節」や「秋田小原節」の詞章としても存在し、現在でも広くうたわれている。

更におもしろいと思うのは、島根県でも石見地方では、子守歌としてうたわれていたことであった。半世紀前に浜田市三隅町古市場で聞いたものを紹介しておく。

向こうの山で鹿が鳴く
鹿どん　鹿どん　なぜ鳴きゃる
何にも悲しゅはないけれど
六十ばかりのご隠居が
肩には鉄砲　手に火縄
むく毛の犬めを　先につれ

虎毛の犬めを後につれ
むく行け　虎行け　けしかける
それがあんまり　怖ろしゅて
助けてやんさい山の神
助けてもろうた御礼に
岩山崩して谷を埋め
一間四面の宮を建て
金の灯籠を千とぼす

伝承者　新田幸一さん・1892年（明治25年）生

そうして眺めて行けば、このような歌は親しまれつつ各地に伝えられていくうちに、元の歌の種類から離れて、いろいろな場面で自由にうたわれて行くものであることが分かる。

西ノ島町の歌の詞章では、すでに意味がよく分からないところもあるが、これも伝承の特徴なので、これ以上あまり詮索してもしようがないようである。

27　石の地蔵さんに
（盆踊り歌・隠岐郡隠岐の島町＝旧・布施村布施）

隠岐地区

【前口上】
さあさ　みなさま　ア　ドッコイ　ドッコイ
踊ろじゃないか　ア　ヨイシェ
こげなことでは　夜も明けられぬ

サー　ヨーホイ　ヨーホイ　ヨーイヤシェー
老いも若きも　みな出て踊れ
ちょいと若い衆や　頼みがござる
わしの頼みは　ほかではないが
ほりゃさ　こらりゃで　囃しはしゃんと

声の悪いのは　ハ　わしゃ生まれつき
ほどの悪いのは　師匠ないがため
お手がそろたら　ァ　文句の真似を
お手がそろたら　文句にかかる

【本口上】
石の地蔵さんに　ェ
カラスが止まる　カラス止まるから
カラスこそ仏　カラス仏なら
なぜ弓矢におそる　弓矢におそるから
弓矢こそ仏　弓矢が仏なら
なぜ岩に立たぬ　岩に立たぬから岩こそ仏
岩が仏なら　なぜ蔦に巻かる
蔦に巻かるから蔦こそ仏　蔦が仏なら
なぜ刃物に切らる　刃物に切らるから
刃物こそ仏　刃物が仏なら
なぜ水を切らぬ　水を切らぬから水こそ仏
水が仏なら　なぜ人に飲まる
人に飲まるから人こそ仏　人が仏なら
なぜ仏拝む　仏拝むから仏こそ仏

【後口上】
ここらあたりで交代頼む
後の先生は　ほどよいお方
ここらあたりで声継ぎ頼む
ここらあたりで交代頼む

伝承者　益崎勝吉さん・1932年（昭和7年）生
合いの手　灘部脩作さん・1948年（昭和23年）生
収録日・1985年（昭和60年）8月9日

島根県の民謡調査の依頼を受けて、うかがった盆踊り歌である。

言葉尻から連想してつないで展開して行く、まるで「仏口説き」とでも言えばよいような内容である。

そしてこれが盆踊り歌ということになっている。確か子どもたちの遊びに「橋の下の石地蔵」で始まる、今回の盆踊り歌にそっくりなのが大阪のわらべ歌の中にあったと記憶するが、詳細についてははっきり覚えていないのが、いかにも残念である。今後とも注目して行きたいと考えている筆者なのである。

28 高砂の爺さん婆さん

（高砂・隠岐郡隠岐の島町＝旧・西郷町中村）

隠岐地区

高砂の爺さんと　婆さんと小松の木陰で
掃除すること　始めるそうな
（以上・一人でうたう）
ア　オチャヤレ
オチャヤレ（他の人々で囃す・以下同）

千両箱　やっこやさと
抱えて行かねば　なるまい
よういようい に　そこらが大事
ア　オチャヤレ　オチャヤレ

正月や　爺さんと婆さんが　コタツで酒酌む
裏のお蔵には　俵の山だよ
ア　オチャヤレ　オチャヤレ

東雲のつぼめ　常磐の松の木小枝に
雀百まで踊られ　しゃんしゃん
ア　オチャヤレ　オチャヤレ

伝承者　千葉ヨシノさん・１９０２年（明治35年）生
石井　光伸さん・１９３１年（昭和６年）生
収録日・１９８５年（昭和60年）８月８日

これは婚礼のときに座敷でうたわれる祝い歌である。

結婚式といえば、このごろでは結婚式場でするのが普通であるが、以前は、個人の家で婚礼がとりおこなわれていた。

この歌は、そのようなおり、盃も終わり、宴席になったころあいを見計らって行われる一種の余興で出されるのである。

座敷の上座に花婿と花嫁が座っているところへ、嫁の両親が人形を抱いて踊りながら出てきて、それを花嫁に渡す。すると今度は花嫁がそれを花婿に渡す。そのようにすると次には花嫁側の分家の夫婦が、踊りながら、その人形を連れに行き、それを受け取った後、踊りながら自分の席に帰るのである。

これは一種の予祝で、結婚後よい子供が授かるようにと願う気持ちが、自然とこのような余興を生んだと思われる。

ところで、鳥取県東部地区の鳥取市用瀬町別府では、「おちゃれ」と称する座敷歌があり、詞章から見ると同類と思われる。これは鳥取県民謡調査報告書『鳥取県の民謡』（１９８８年・鳥取県教育委員会発行）に出ているものである。

おちゃやれ　おちゃやれ
おちゃやれ　おちゃやの
おでんさんが　お茶を出すとて　へそ出したそうな
高砂のじいさんとばあさんが　小松の小陰で
ええことよいこと　なされましたそうな

別に婚礼でうたうなどの注釈はないが、確かに同じ仲間である。離れたところに存在する類歌を見ると、ついつい伝承の不思議さを考えさせらるのである。

29 朝かね　ねを入れ

（田植え歌・隠岐郡隠岐の島町＝旧・西郷町西郷）

隠岐地区

朝かね　ねを入れ　トビがねを入れて
とんとんトウギリスは　何を持って来たよ
唐升にとう添えて　俵持って来たよ
苗をば何と取る　元へ手を入れて
うらをばなぶかせて　元へ手を入れて
昼飯がござるやら　赤い帷子（かたびら）で
ぴらりしゃらりと　赤い帷子で

伝承者　木下カネさん・１９０２年（明治35年）生
収録日・１９８５年（昭和60年）８月７日

前回は、同じ隠岐島でも島前地区の歌だった。今回は少し離れた島後地区のそれである。ここでは今は隠岐の島町となっているが、平成の町村合併以前は西郷町のほかに五箇村、都万村、布施村の四つの町村が陸続きである点に特色がある。それに対して島前地区は、三町村がそれぞれ別の島なのである。

田植え歌を見た場合、島後地区では陸続きの関係か、島前地区のようには町村別の違いをあまり感じなかった。

本来、田の神に捧げる田植え歌は、午前、午後、夕方それぞれに区別があり、うたう順番も決まっているが、多くのところでは、すでにこのような細かいことは分からなくなっている。

ここに紹介したのは、そのような中でも、比較的正確に順序を踏まえて教えてくださった歌であり、それだけに貴重である。そしてこれらの歌は、さきの区分でいえば、いずれも午前中にうたわれるものである。また、最初にある「朝かね、ねを入れ、トビがねを入れ」は、次回紹介する海士町の「朝はか音（ね）をやれ、トビがやおに鳴いたとな」と、どこか共通した内容であることを感じさせる。けれども「ね」がどういう意味なのか、もうはっきりしたことは分からなくなっている。

また、「とんとんトウギリスは、何を持って来たよ」とある詞章は、島後地区ではよく聞くものの、島前地区にはまったく残されていないものである。このトウギリスについてもよくは分からないが、縁起のよい鳥ででもあろうか。したがって後に続くように「唐升にとう添えて、俵持って来たよ」と豊作をもたらす内容になるのであろう。

さらに「昼飯がござるやら…」の歌は、これをうたうことにより、そろそろ昼食になるという合図になる。これは本土の歌にも似た詞章がある。例えば、邑南町矢上地区の歌を見てみよう。

ひるまもちの　ござるやら
赤いかたびらでな
ひらりしやらりと
赤いかたびらでな（『上大江子本』）

30 朝はか　音をやれ

（田植え歌・隠岐郡海士町保々見）

隠岐地区

イヨー朝はか　音をやれ
ヨオー鳶がやおに　鳴いたとな
ヨーオ早乙女の上手よ
ヨーオ下がるこそ上手よ

ヨーオ嫁をしょしる　なかいに
ヨーオ縄で藁忘れた

ヨーオなぎがなけらにゃ　とっぱなせ
ヨーオ婆の言やるも　もっともだ

ヨーオ馬鍬（まんが）つき寄しぇて
ヨーオ腰をあらあらと

ヨーオ編笠のちょんぎりが
ヨーオわしに女房に　なれと言うた

ヨーオ腰が痛けりゃ　のおさえて
ヨーオのおさえて　のおさえて

イーヨー日は何時だ　イーヨ七つの下がり

ヨーオ日暮らし取りが　ヨーオ笠のはた回る

イーヨーオ上がりとうて　しょうがない
ヨーオ恥のこたぁ思わぬ

伝承者　徳山千代子さん・1904年（明治37年）生
伝承者　川西ツギさん・1899年（明治32年）生
伝承者　井上ヨシさん・1902年（明治35年）生
収録日・1985年（昭和60年8月）

島根県の民謡調査の依頼を受けて、当地の淀 重美氏と共にうかがった。

田植え歌には、うたう順が決まっているものがあり、その順に従っている。

最初の「朝はか　音をやれ」は、田植え始めにうたい、「腰が痛けりゃ」は休憩の合図で、また、「上がりとうて……」は田植え終わりにうたわれたという。

なお、歌は音頭取りの早乙女が、前の節をまずうたい、他の早乙女が後半の節をつける形でうたわれるのであった。

歌の中味は、田植え仕事の辛さをうたっているが、中には、「編笠のちょんぎりが……」のように、ユーモアをたたえたからかい歌もあるようである。

遊び言葉を除いて音節数を見てみる。

あさはか　ねをやれ……8
とびがやおに…………6
ないたとな……………5

そうとめのじょうずよ…9
さがるこそ……………5
じょうずよ……………4

これまでよく見てきた77775の近世民謡調とは、全く異なった様相を示しており、どことなく時代の古さを感じるのである。

タイトル索引

あ

か

【著 者 略 歴】

酒井　董美（ただよし）　昭和10年(1935)生まれ。松江市出身。

昭和32年（1957）島根大学教育学部中学二年課程修了。昭和45年（1970）玉川大学文学部卒業（通信教育)。島根県下の中学校・高等学校に勤務した後、大学に転じた。

主として山陰両県の口承文芸を収録・研究している。平成11年（1999)、島根大学法文学部教授を定年退官、鳥取短期大学教授となり、平成18年（2006）退職。同年から24年まで出雲かんべの里館長。現在、山陰両県の民話語り部グループ育成に努めている。

昭和62年（1987）第27回久留島武彦文化賞受賞（日本青少年センター)。平成20年度(2008）秋季善行表彰・青少年指導（日本善行会)。平成26年（2016）国際化功労者表彰（しまね国際センター）

主要著書（口承文芸関係）

『石見の民謡』－山陰文化シリーズ19－西岡光夫氏と共著（今井書店）
『島根のわらべ歌』尾原昭夫氏と共著（柳原書店）
『鳥取のわらべ歌』尾原昭夫氏と共著（柳原書店）
『山陰の口承文芸論』(三弥井書店)
『山陰のわらべ歌』(三弥井書店)
『ふるさとの民話』－さんいん民話シリーズ・全15集－（ハーベスト出版）
『島根の民謡』－謡われる古き日本の暮らしと文化－（三弥井書店）
『山陰のわらべ歌・民話文化論』(三弥井書店)
野間義学『古今童謡を読む』尾原昭夫氏・大嶋陽一氏と共著（今井出版）
『鳥取のわらべ歌』(今井出版)
『鳥取の民話』(今井出版)
『随想 山陰あれこれ』(今井出版)
『海士町の民話と伝承歌』(今井出版)
電子書籍『島根・鳥取の民話とわらべ歌』(22世紀アート）
『QRコードで聴く 島根の民話」(今井出版)
『随想 令和あれこれ』(今井出版）ほか多数

【イラスト作者略歴】

福本　隆男　昭和34年(1959)生まれ。島根県隠岐郡海士町出身。

島根県立隠岐島前高校卒業後上京。埼玉県三郷市在住。
以下の書籍のイラストを担当している
萩坂　昇『四季の民話』(教育労働センター)
ＮＨＫ松江放送局制作「山陰の昔ばなし」
酒井董美『島根ふるさとの民話』(㈲ワン・ライン)
酒井董美『山陰のわらべ歌』(三弥井書店)
酒井董美『ふるさとの民話』－さんいん民話シリーズ・全15集－（ハーベスト出版）
『日本海新聞』連載の「鳥取のわらべ歌」「鳥取の民話」(酒井董美執筆)
『島根日日新聞』連載の「島根の民話」(酒井董美執筆）ほか多数

QRコードで聴く 島根の民謡・労作歌

2023年11月１日　初版第１刷発行
2024年１月12日　　　　第２刷発行

著　　者　酒井董美
イラスト　福本隆男
発　　行　今井印刷株式会社
発　　売　今井出版
印　　刷　今井印刷株式会社
製　　本　日宝綜合製本株式会社